[図解] 業者選びから物件の管理まで

不動産投資のはじめ方がよ〜くわかる本

不動産投資コンサルタント
株式会社わひこ　代表取締役
著者　金井和彦

秀和システム

●注意
(1) 本書は著者が独自に調査した結果を出版したものです。
(2) 本書は内容について万全を期して作成いたしましたが、万一、ご不審な点や誤り、記載漏れなどお気付きの点がありましたら、出版元まで書面にてご連絡ください。
(3) 本書の内容に関して運用した結果の影響については、上記(2)項にかかわらず責任を負いかねます。あらかじめご了承ください。
(4) 本書の全部または一部について、出版元から文書による承諾を得ずに複製することは禁じられています。
(5) 本書に記載されているホームページのアドレスなどは、予告なく変更されることがあります。
(6) 商標
　　本書に記載されている会社名、商品名などは一般に各社の商標または登録商標です。

はじめに

　株やFX、投資信託、金投資、先物投資……etc。投資の対象は、1996年に始まった金融ビックバンという金融行政の規制緩和以降、格段に増えました。1996年からすでに、2012年で16年の歳月が経っているのですが、この間、金融商品の商品知識や情報、理論などさまざまな面で日本人の個人投資家のマネーリテラシーは、大きく変化してきました。

　こうした優れたマネーリテラシーを背景にサラリーマンはさまざまな金融商品に自分のお金を投じてきました。

　しかし、振り返ってみてください。今、自分のサラリーマンとしての年収と同じような収入を安定継続的に得ることができる金融商品はありますか？

　不動産投資を除いて恐らくないと私は考えます。これは断言できます。

　日本の国内株式市場はデフレ不況のため、なかなか株価が上がらない状態にあります。グローバル経済の進展により、日本と海外の金利差がほとんどなくなり、外貨との金利差で安定的に儲けることは難しくなっています。

　金投資や先物投資は、相場が不安定で素人が安定的に収入を得るというのは難しい状態です。ところが、不動産投資だけは違います。

　不動産投資の収入は家賃です。家賃相場は一般的に景気に遅れて影響があるといわれます。そのために、2008年のリーマンショックの際にも、家賃相場はさほど影響がありませんでした。そもそも家賃相場自体あまり乱高下するものではありません。だからこそ、安定収入が得られるのです。

　サラリーマンが将来の不安を解消するために投資をするのであれば、安定的な収入が得られる不動産投資こそ検討すべきではないかと思っています。

　ただし、不動産投資にもリスクはあります。そもそも住人がいなければ家賃収入を得ることは不可能です。安定した家賃収入を得るためには、居住ニーズの高い物件を選ぶことはもとより、購入後は募集広告を出す必要もあります。多くの住人に来てもらうために、リフォームをしなければならないこともあります。不動産投資は投資という名の事業です。細かい管理をしていかなければ、利益を残すことは難しいのです。本書は不動産投資の基本から不動産投資の実践までさまざまな内容を盛り込みました。本書を読むことで、少しでも不動産投資に興味を持っていただければ幸いです。

2012年8月
著者　金井和彦

Contents

はじめに 3

第1章　不動産投資とは何か？

- 1-1　不動産投資とは 10
- 1-2　不動産投資の種類は2つある 12
- 1-3　不動産投資の儲け方 14
- 1-4　『金持ち父さん　貧乏父さん』の描く夢の不動産投資 16
- 1-5　現実の不動産投資 18
- 1-6　儲からない、リタイアできない人が急増！ 20
- 1-7　安定収入を得るために必要な5つのこと 22
- 1-8　大震災後でも不動産投資意欲は衰えていない 24
- Column　賃貸併用住宅で住宅ローンを原資に不動産投資ができる .. 26

第2章　不動産投資のメリット

- 2-1　不動産投資の5つのメリット 28
- 2-2　他の金融商品と比べて安定収入が見込める 30
- 2-3　元手が少なくても投資ができる 32
- 2-4　経費を計上、節税ができる 34
- 2-5　生命保険代わりになる 36
- 2-6　副業禁止規定に抵触しない 38
- Column　不動産投資で覚えておきたい関係法令 40

第3章　不動産投資のデメリット

- 3-1　不動産投資の7つのデメリット 42
- 3-2　空室リスク 44

3-3	家賃滞納リスク	46
3-4	流動性リスク	50
3-5	修繕リスク	52
3-6	外部環境変化リスク	54
3-7	金利上昇リスク	56
3-8	災害事故リスク	58
3-9	最大のリスクは「空室リスク」	66
Column	格安の競売物件で不動産投資	68

第4章　不動産投資の準備をする

4-1	不動産投資は購入戦略で9割決まる	70
4-2	不動産業界特有のコスト意識を学ぶ	72
4-3	購入時にかかる「自己資金」	74
4-4	頭金以外に購入時にかかるお金	76
4-5	不動産投資のランニングコスト	78
4-6	不動産所得の算出方法	80
4-7	不動産投資の減価償却費	82
4-8	中古物件の耐用年数の計算方法	84
4-9	年間のキャッシュフローを計算する	86
4-10	収支表をエクセルでつくってみよう① ― 年間キャッシュフロー ―	89
4-11	収支表をエクセルでつくってみよう② ― 不動産所得 ―	93
4-12	表面利回りと実質利回り	97
4-13	「利回り」は投資指標としてどう役立つか？	100
4-14	「ROI」を投資指標として活用する方法	102
4-15	ROIは何％ぐらいがいいのか？	106
4-16	不動産投資の出口戦略を考える	108

- 4-17 相続時の1つの戦略に活用する ... 110
- 4-18 法人を使って節税をする ... 112
- 4-19 不動産の分散投資の考え方 ... 114
- 4-20 不動産投資の確定申告 ... 116
- 4-21 不動産投資と税制度 ... 118
- Column　ノンリコースローン ... 120

第5章　投資する物件を選ぶ　基礎編

- 5-1 目的に合う物件選びを行う ... 122
- 5-2 物件を取得するまでの流れ ... 124
- 5-3 物件検索サイト ... 126
- 5-4 優秀な不動産会社と付き合う ... 128
- 5-5 物件情報はピラミッド式に流れていく ... 130
- 5-6 優れた不動産会社を選ぶ方法①
  ― 業者の見分け方 ― ... 132
- 5-7 優れた不動産会社を選ぶ方法②
  ― インターネットを使う ― ... 134
- 5-8 不動産会社からあなたはこう見られている ... 136
- 5-9 投資物件の種類 ... 138
- 5-10 物件選定のポイント ... 140
- 5-11 立地条件を調べる ... 142
- 5-12 建物は構造で選ぶ ... 144
- 5-13 建物の室内設備について ... 146
- 5-14 今後の不動産投資の環境 ... 148
- 5-15 東日本大震災後の動き ... 150
- 5-16 物件購入のタイミング ... 152
- 5-17 不動産投資がうまくいかない人 ... 154
- 5-18 成功した不動産投資家①
  ― 年収700万円、Aさんの場合 ― ... 156

5-19	成功した不動産投資家②
	― 年収800万円、Bさんの場合 ― 158
Column	海外の不動産事情 160

第6章　投資する物件を選ぶ　応用編

6-1	販売図面（マイソク）の見方 162
6-2	所有権と借地権 166
6-3	土地の価格と用途地域 168
6-4	建物の構造を知る 170
6-5	レントロールの見方 172
6-6	物件の現地調査の意味 174
6-7	現地調査の3つのポイント 176
6-8	買い付け申し込み 178
6-9	購入手続きのチェックポイント 180
6-10	重要事項説明 182
Column	こんな不動産会社は嫌だ！①
	サクラの入居者がいる物件を紹介する会社 184

第7章　融資を依頼する

7-1	アパートローン 186
7-2	金融機関の融資といってもいろいろある 188
7-3	金利の種類① ― 変動金利 ― 190
7-4	金利の種類② ― 固定金利 ― 192
7-5	金利の種類③ ― 固定、変動金利のメリット・デメリット ― ... 194
7-6	金融機関の種類 196
7-7	ローンの返済方法 198
7-8	デッドクロス 200
7-9	物件評価の仕組み① ― 積算評価 ― 202

7-10	物件評価の仕組み② ― 収益評価 ―	204
7-11	融資の期間の決まり方	206
7-12	融資申し込みの方法	208
7-13	融資審査から実行までの流れ	210
7-14	フルローンとオーバーローン	212
7-15	繰り上げ返済	214
Column	住宅ローンよりも厳しいアパートローン融資の審査体勢	216

第8章　物件の管理をする

8-1	不動産の賃貸管理	218
8-2	自分で管理をするか、他人に任せるか？	220
8-3	管理会社にも得意分野がある	222
8-4	管理会社を選ぶ基準① ―平均入居率、広告宣伝の多様さ、入居者への対応―	224
8-5	管理会社を選ぶ基準② ―対応のよさ、ビジネスパートナーとして信頼できるか―	226
8-6	管理会社と良好な関係を築く方法	228
8-7	管理会社の委託方法	230
8-8	家賃保証の契約制度	232
8-9	利回りを上げる方法① ―リフォームをする―	234
8-10	利回りを上げる方法② ―デッドスペースの利用―	236
Column	こんな不動産会社は嫌だ！② メールや電話が四六時中かかってくる	238

索引　239

第1章

不動産投資とは何か？

　先行き不透明な日本。そんななかでサラリーマンの副業として不動産投資が注目されています。第1章では「不動産投資とは何か？」という不動産投資の基礎中の基礎から、ブームに乗って不動産投資を始めたもののなかなかうまくいかない人を取り上げて、なぜうまくいかないのか？　成功する方法は何かを紹介していきます。

1-1 不動産投資とは

不動産投資は実業になる

　不動産投資とは、マンションの1室やアパートやマンションを1棟購入し、その不動産を他人に貸すことで、その家賃収入を得るという投資方法です。投資と言っていますが、株式やFXなどと得られる利益の種類が異なり、実質的には「**不動産賃貸業**」という**実業**になります。

　実業であるがゆえに、投資をスタートするにあたって、条件が揃えば銀行の**融資**が受けられるというメリットがあります。ところが、株式やFXの場合、実業としては見られないので、投資に際して融資を受けられるということはありません。

　また、事業ですから不動産投資に関わる出費はすべて経費として計上することができます。たとえば、不動産投資に関連する本は書籍代として計上することができますし、不動産投資を勉強するためのセミナー代というのも計上することができます。事業であるがゆえに、経費が認められるということなのです。サラリーマンは経費は基本的に認められていませんから、不動産投資を行うメリットは非常に大きいのです。もちろん、株式やFXでも認められないということはありませんが、事業ではないのでなかなか認められにくいということがあるのです。

安定した収入を得られる不動産投資

　昨今、不動産投資が注目を集めているのは、他の金融商品では安定した収入を得ることができないということを、多くの人がわかってきたからでしょう。欧州経済は未だギリシャに端を発する信用不安から立ち直れていませんし、その影響を受けているアメリカや日本も今ひとつ経済に元気がありません。株もダメだし、国債なんてもってのほかです。FXや先物取引は相場がわかりにくく、安定収入は難しい。一体何に投資をしたらいい

のか迷っているところに、消費税増税が現実味を帯びるようになってきました。国内経済は未だ不況から脱せず、**いつ会社が倒産するのかもわかりません。そんなときだからこそ、自分の給料収入と同じぐらい収入を得ることができる不動産投資に注目が集まっている**のです。

ただし、冒頭に紹介したように不動産投資とは、実業です。不動産を購入したら終わりではなく、不動産を購入してからがスタートなのです。自分でも家賃収入を上げるために努力しなければいけませんし、自分で手に負えない案件に関しては、専門家の力を借りることも必要になってきます。いわば先を見据えるような計画性と、マネジメント能力が不動産投資を成功させる大きなポイントとなります。

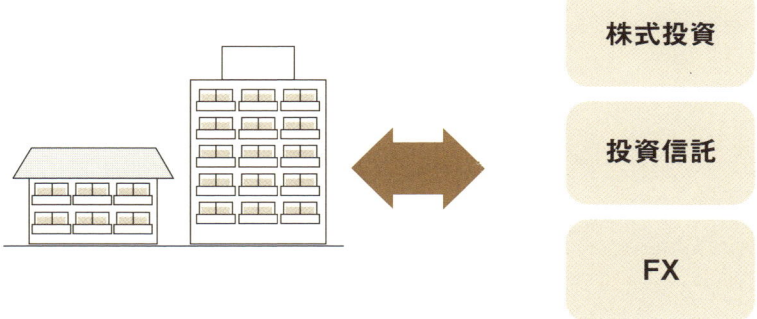

不動産投資とその他の投資の違い

不動産投資
不動産投資は不動産そのものが資産なのでそれを担保に金融機関からの借入が可能

＋

実業なので、
経費計上できる＝節約できる

その他の投資
株式投資や投資信託、FXなどは事業ではなく投資。投資の際に銀行から融資を受けることはできない

＋

実業ではないので、
経費計上できない

1-2 不動産投資の種類は2つある

REITとは

　不動産投資の種類は大きく分けて、2つあります。
1つは、不動産の**現物投資**と呼ばれるものです。これはそのまま不動産を購入して家賃収入を得る方法です。もう1つは、不動産投資信託「REIT（リート）」によって、家賃収入などの配当を得る方法です。
　REITとは、投資法人が投資家の資金を集め、その資金を専門家がオフィスビルやマンションなどの多数の不動産へ投資することによって、分散投資を行い、不動産投資で発生するリスクを軽減できる金融商品です。ファンドによってはオフィスビルに投資をするもの、マンションだけに投資するもの、商業施設だけに投資するもの、複合型のものなどさまざまな種類があるので、自分の好きなように選べるのもうれしいところです。一般的にマンションは不況に強く、オフィスビルと商業施設は好景気に大きな収益をもたらしてくれる反面、不況になると収入が減るとされています。

REITのメリット、デメリット

　REITのメリットは、現物の不動産投資を購入するよりも、小額で小口から投資ができるので、資金的な負担が少なくて済むことです。また現物の不動産投資と異なり、公開された取引所に上場されており、買いたいときに買えて売りたいときに売れるという流動性の高いことなどがメリットとして挙げられます。
　ただし、デメリットもあります。それはどのような不動産に投資しているのか情報公開が不完全だということです。そして、投資信託という仕組みを使って運用されるので、手数料がかかってしまうということです。また、REITは投資なので実業ではありません。

1-2 不動産投資の種類は2つある

　不動産投資は、インフレに強く、家賃収入が一定であるというメリットがあります。そのため自分の資産の全体像を見て、インフレに強い金融商品を自分の資産の一部に組み込みたいということであれば、REITを活用するという方法もありかもしれません。しかしながら、手数料がかかるということと、実業でないゆえに銀行からお金を借りてREITに投資をすることはできないだけでなく節税もできません。後ほど詳しく紹介しますが、不動産投資には、レバレッジをかけて自己資金で得られるよりも、大きな利益を得るというメリットがありますが（レバレッジ効果については2-3で詳しく説明します。）、**REITはこのレバレッジをかけることができない**ということを覚えておきましょう（信用取引であれば可能な場合もあります）。

　REITの商品のしくみを知りたい場合は、目論見書を参照しましょう。目論見書は商品の性格・特色、運用の方針や体制、投資リスク、申し込み・換金手続きなど、投資判断するにあたって必要な情報が具体的に記載されている書類になります。

不動産投資の種類は大きく分けて2つある

現物不動産投資『大家』
・流動性　なし
・所有権　あり
・融資　　あり

不動産投資信託『REIT』
・流動性　あり
・所有権　なし
・融資　　なし

不動産投資は現物の不動産に投資する現物不動産投資と、不動産投資信託「REIT」に投資する方法の2つの方法がある。

1-3 不動産投資の儲け方

キャピタルゲインとは

　投資による収入を得る方法は大きく分けて2つあります。「キャピタルゲイン」と「インカムゲイン」です。

　キャピタルゲインとは、債券や株式などの資産の価格上昇による利益のことを言います。日本語で言うと資本利得、資産益となります。不動産投資でキャピタルゲインというのは、不動産を購入し、それを他人に売ることで収益を得る方法です。

　しかし、日本の不動産投資でサラリーマンがキャピタルゲインを狙うのはとても難しいです。理由は大きく分けて2つあります。1つは、バブル経済時代と異なり、昨今の住宅価格の慢性的な下落によってキャピタルゲインを狙うチャンスそのものが減っているということです。もう1つは、不動産は売買するのに時間がかかるだけでなく、自分の思い通りの値段で買ってくれる買主を探すのにも苦労するということです。プロでない限り、キャピタルゲインを狙うのはなかなか難しいと言えるでしょう。

インカムゲインとは

　インカムゲインとは、和製英語で、株式投資で言えば配当、預貯金や債券で言えば利息によって得られる利益のことを言います。不動産投資では、まさに不動産を他人に貸して、家賃収入を得ることをインカムゲインと言っています。不動産投資と言えば、このインカムゲインによって収益を上げる方法を指します。もちろん、書店でよく見かける不動産投資の本は、インカムゲインについて書かれている本が約9割を占めています。

キャピタルゲインとインカムゲインどちらが良いか

では、サラリーマンが不動産投資をする場合に、キャピタルゲインとインカムゲイン、どちらで収益を上げるのがいいのでしょうか？　まずはインカムゲインで不動産投資をスタートすることをオススメします。

理由は着実に収益が上がるということと、家賃収入には変動があまりないということです。また、キャピタルゲインは、予測不可能ですが、**インカムゲインであれば将来の収益予測をシミュレーションすることができます。ですので、最初はインカムゲインを狙うのが良いでしょう。**

キャピタルゲインとインカムゲイン

キャピタルゲイン（Capital Gain）

⇒保有資産の価格変動により得られる収益のこと

2000万円で物件購入　　2500万円で売却！！

2000万円＜2500万円⇒500万円の利益

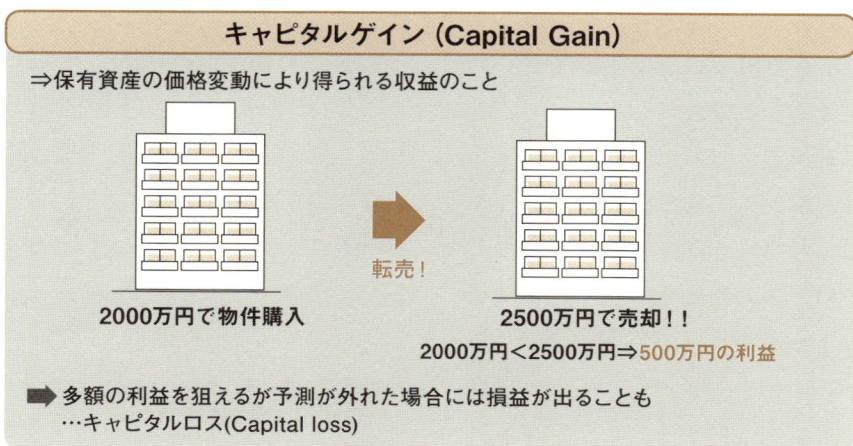

➡ 多額の利益を狙えるが予測が外れた場合には損益が出ることも
…キャピタルロス(Capital loss)

インカムゲイン（Income Gain）

⇒資産を保有することにより安定的に得られる収益

物件購入

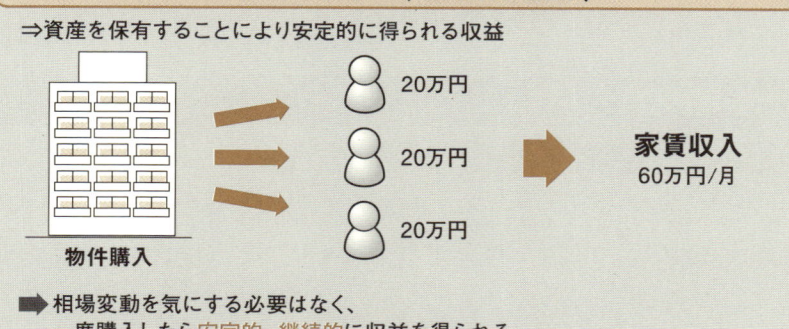

➡ 相場変動を気にする必要はなく、
一度購入したら安定的・継続的に収益を得られる

1-4 『金持ち父さん　貧乏父さん』の描く夢の不動産投資

『金持ち父さん　貧乏父さん』で紹介される資産

　2000年11月、歴史的名著が世の中に出版されました。その名著の名は、**『金持ち父さん　貧乏父さん』** ロバート・キヨサキ著（筑摩書房）です。この書籍の話は多くの人がご存じのことだと思いますので、あえてここでは申し上げませんが、ひと言で言えば、**サラリーマンに資産を持つことの重要性を教えてくれた本**でした。

　資産はお金を生み出してくれる。自分で働いてお金を稼ぐのではなく、お金に働いてもらってお金を生み出すという、労働は美徳だとして考えられていた職業観をこの本は180度変えてしまったのです。

　この本のなかではいくつかの**資産**が紹介されていました。株式、債券、投資信託、収入を生む不動産、手形、借用証書、音楽、書籍などの著作権、特許権、その他価値のあるもの、収入を生み出すもの、市場価値のある物品などです。2000年当時、株式市場は低迷していたので、多くの人は不動産にその資産価値を求めたのでした。この頃から不動産投資ブームが始まりますが、

　この歴史的名著によって、投資に失敗してしまった人も少なくはないのです。

　理由は、自分が資産だと思って購入した資産が、実は負債であったということです。

資産と負債の違い

　本のなかでは、資産と負債の違いについて、紹介している箇所があります。資産と思っていたものが、実は**負債**であって、それがある限りお金持ちにはなれないということです。その筆頭として挙げられていたものが、「自宅」でした。もちろん、多くのサラリーマン投資家が自宅を購入した

わけではありません。不動産投資をスタートしようとさまざまな物件を探し、お金を生み出してくれるような資産を見つけ出そうと必死でした。しかし、彼らが選んだ物件はなかなか入居者が決まらず家賃収入が得られない物件であったり、購入したらリフォーム代や修繕費がかさみ、利益が残りづらい物件であったり、そもそも割高物件で資産価値があまりない物件であったりなど、現実の問題に直面するとお金を生み出してくれない資産となってしまうものばかりでした。

　資産を持つことで、新しい収入の柱を得ようとするサラリーマンはたくさんいますが、きちんとした資産を選ばなければ収入は得られないということを肝に銘じておきましょう。むしろ**『金持ち父さん　貧乏父さん』に書かれていたような収入のある不動産を見つけるほうが難しい**ということです。見つけるためには勉強が必要だということを理解する必要があります。

金持ち父さんロバート・キヨサキ氏の教え

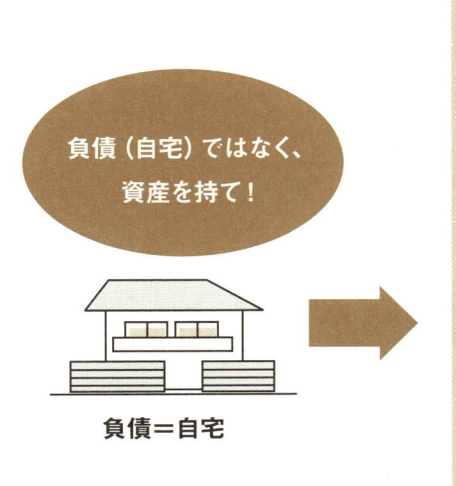
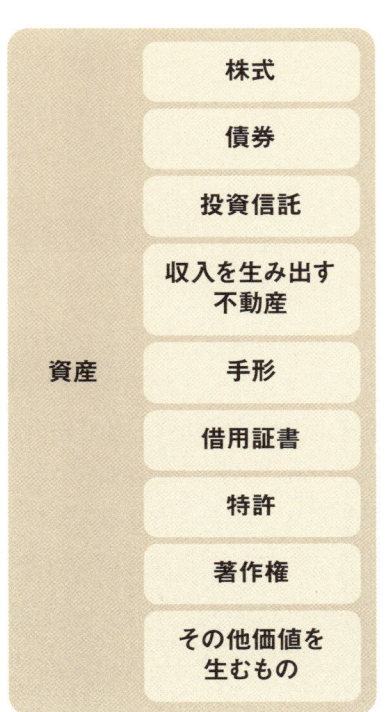

1-5 現実の不動産投資

負債を生む資産を持つ理由

　前節では、「資産」を持つことは大事ですが、「負債」になりかねないような「資産」を持たないように気をつけなければいけないということを紹介しました。ところで、サラリーマンの皆さんは、なぜ収入を生み出さない不動産に手を出してしまうのでしょうか？

　1つには、投資方針がまったくないということに問題があるように思えます。「とにかく不動産を購入すれば家賃収入で夢のリタイア生活が実現できる。」このような考え方では、残念ながらうまくいきません。むしろ、不動産会社にカモにされてしまうことにもなります。

　もう1つは、不動産投資をスタートするにあたり、ランニングコストを考慮していないということです。たとえば、入居者を募集するためには不動産仲介会社に家賃1カ月分以上の広告宣伝費用を払うことは慣習で決まっています。エントランスや階段など共用部分の電気代、エレベーターの点検費用、消防点検費用、修繕費など必要な経費が意外と多いのです。

重要な現地調査

　現地調査でランニングコストがかかる物件かどうかを判断していないということも原因の一つです。物件の利回りにだけに目を奪われて現地調査を疎かにしてしまう方はたくさんいらっしゃいます。利回りの高い物件は、築年数が古く、修繕費用が高かったり、古過ぎたり、最寄りの駅から遠く、なかなか入居者が決まらないというようなリスクもあります。そうしたリスクをどれだけ許容できるのか、きちんと収益が上げられるような物件なのかどうかということを現地調査によって調べるのですが、何の目的も持たずに現地調査に行っても判断できないのです。

1-5 現実の不動産投資

　このようなさまざまな理由でサラリーマンで不動産投資をスタートしようとする方は、「資産」ではなく「負債」になりかねないような不動産投資を行っているのです。

失敗しやすい不動産投資のケース

- 投資方針が明確でない
- ランニングコストを考えていない
- 現地調査を適当に行う

上記3つのことは、不動産会社がお膳立てしてくれる。そのため何もわからない素人投資家は不動産会社に振り回されてしまう。

1-6 儲からない、リタイアできない人が急増！

ワンルームマンションに投資する人

　実は私が主催する不動産セミナーでも、「不動産投資を始めたが、なかなか儲からない人」「リタイアできないという人」が最近になって急増しているように思います。そういう人のなかで特に多いパターンが、新築ワンルームマンションに投資をされている方です。新築ワンルームマンションは都内であっても手頃な価格なので、銀行からも融資が出やすく、多くのサラリーマンにとって気軽に投資しやすい物件です。

　しかしながら、新築ワンルームマンション1室が生み出してくれるキャッシュフローは実際には微々たるものです。ローンの返済をしたり、管理会社にお金を払ったりすればほとんど手元にお金が残りません。もちろん、返済が終われば家賃収入は自分のものになりますが、それは30年、あるいは35年先のことです。つまり、ローン返済期間中、負債を負い続けるということなのです。

　負債を負っているわけですから、新しく投資をするために銀行から融資をしてもらうことも難しくなります。こうして資産ならぬ負債を手に入れてしまった結果、儲からない、リタイアできないという人が増えているのです。

　しかも、そうした新築ワンルームマンションを買う人に限って、事前に収支をしっかり考えていないことが多く、不動産会社に勧められるまま購入してしまったというケースが後を絶たないのです。もちろん、新築ワンルームマンションを購入してはいけないということを言っているわけではありません。しかし、何の目的で購入するのかをきちんと決め、事前に収支シミュレーションを行って、収入が得られる資産なのか、そうでないのかをきちんと見極めることが必要だということです。

不動産投資は購入時に9割決まる

　不動産投資というのは、購入時に9割決まるといわれています。つまり、事前の準備がとても重要ということです。「不動産を購入してから、いろいろ考える」、「勉強のために購入する」という人も多いのですが、不動産を購入してから、投資方針を考えたり、ランニングコストを計算したりしてもそれは遅過ぎるということなのです。結局、負債のような「資産」を負うことによって、「売るに売れない」状況に陥ってしまいます。

　しかし、**逆を言えば不動産投資は準備さえきちんとしていれば、9割は成功するといっても過言ではないのです。**ですので、不動産投資をスタートしようと思ったら、きちんと準備をすること。これがとても重要なことなのです。

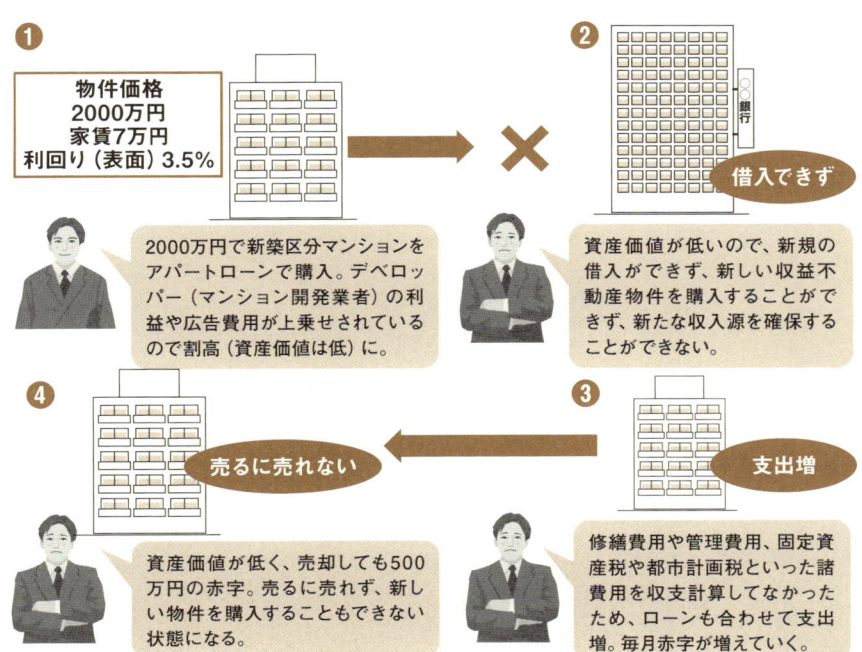

不動産投資で失敗する人に多いパターン

❶ 物件価格 2000万円　家賃7万円　利回り（表面）3.5%
2000万円で新築区分マンションをアパートローンで購入。デベロッパー（マンション開発業者）の利益や広告費用が上乗せされているので割高（資産価値は低）に。

❷ 借入できず
資産価値が低いので、新規の借入ができず、新しい収益不動産物件を購入することができず、新たな収入源を確保することができない。

❸ 支出増
修繕費用や管理費用、固定資産税や都市計画税といった諸費用を収支計算してなかったため、ローンも合わせて支出増。毎月赤字が増えていく。

❹ 売るに売れない
資産価値が低く、売却しても500万円の赤字。売るに売れず、新しい物件を購入することもできない状態になる。

1-7 安定収入を得るために必要な５つのこと

成功する不動産投資に必要なこと

　では、どんな準備をすれば不動産投資に失敗しない、つまり収入が得られる「資産」を手にすることができるのでしょうか？

　私は大きく分けて５つのことが不動産投資には必要だと思っています。それぞれ説明していきましょう。

①知識習得

　「知識習得」は、不動産業界特有の慣行や習慣、コストなどを知ることで、不動産投資のランニングコストをいかに抑えるかということを考えることです。そのためには、不動産投資特有の知識、業界の慣習やリフォーム業界についてなど、どこでどんなお金がかかるのかをきちんと知っておくことが大切です（第４章で詳しく紹介します）。

②投資方針

　「投資方針」は、自分が何のために不動産投資をスタートするかスタンスを決めることです。「サラリーという給与収入とは別の収入の柱をつくるために不動産投資をする」、「節税対策のために不動産投資をする」など人によって不動産投資をする目的が異なります。節税対策のために不動産投資をする場合は、選ぶ物件も築が古く、建物の高さが高く土地が狭いほど良いわけです。ところが、投資用に物件を選ぶのであれば、賃貸需要が強く、家賃の維持が可能な物件を選ぶことになります。このように不動産投資の目的によって選ぶ物件も変わってくるということです（第５章で詳しく紹介します）。

③物件調査

　「物件調査」は現地で物件を調査することです。現地調査の方法はいろいろあります。本当に集客力がある物件なのか、コストが余計にかからないかどうか、物件概要書やレントロールなど書類に書かれていることと物件の現物を見て判断する方法です（第６章で詳しく紹介します）。

④融資戦略

「融資戦略」は融資をするときにどのような作戦で行うのかを考えることです。融資戦略の方法はさまざまです。どのような戦略を考えれば、自分に最適な銀行が見つかるのかを考えます（第7章で詳しく紹介します）。

⑤物件管理

「物件管理」とは、物件管理をする方法です。不動産を管理するためには時間が必要です。普段、忙しいサラリーマンは自ら物件を管理することはなかなか難しいでしょう。そこで、管理会社に物件管理を依頼することになりますが、管理会社にもマネジメントが必要です。管理会社との付き合い方を考えます（第8章で詳しく紹介します）。

これら5つのことを学ぶことによって不動産投資を成功させることができます。

不動産投資で安定収入を得るために必要な5つのこと

①知識習得
不動産投資特有の知識、業界の慣習やリフォーム業界についてなど、どこでどんなお金がかかるのかをきちんと知っておく

②投資戦略
自分が何のために不動産投資をスタートするかスタンスを決めること

③物件調査
現地で物件を調査すること。本当に集客力がある物件なのか、コストが余計にかからないかどうかを見る。

④融資戦略
銀行に融資を依頼するときにどのような作戦で行うのかを考えること

⑤物件管理
管理会社にもマネジメントが必要。管理会社との付き合い方を考える

1-8 大震災後でも不動産投資意欲は衰えていない

日本の先行き不透明感

　「東日本大震災後、不動産投資への投資意欲が衰えたのではないか？」。不動産投資に興味がない人から、そんなことをよく聞かれます。このような質問が出てくる背景には、不動産投資のリスクの1つである災害リスクへの懸念が高まり、その結果、不動産投資をする人が減ったのではないかとの判断からだと思います。しかしながら、私の実感としては衰えるどころか、震災前よりも関心が高まったという感じがあります。

　その理由は、日本の先行き不透明感にあります。日本では20年前からデフレが続き、給料は1999年から2010年までの12年間で約50万円も減っています。そこに来て、消費税の増税論議が本格化しています……。とはいえ、収入を増やす方法はまったくと言っていいほど見当たりません。預貯金の金利はほぼゼロの状態で老後や将来の不安は増すばかりです。そこで、不動産投資に注目が集まっているわけです。特に大地震が予想されるといわれる首都圏で不動産投資への機運が高まっているのは注目すべきことだと思います。

　一方で、もともと個人投資家として不動産投資を行っていた人は、今回の震災をどのようなスタンスで見ているのでしょうか？　野村不動産アーバンネットによる2011年5月の調査によると、すでに不動産投資をスタートしている先輩投資家の7割近くの人が、これからも不動産投資を続けていくと表明しています。この結果は、個人投資家が不動産投資の災害リスクを考慮していないというわけではなく、災害リスクよりも将来への不安のほうが大きいと考えていることを裏付けた結果だと言えます。今後も不動産投資に参入する個人投資家は増える傾向にあるでしょう。

不動産投資のプロ化

しかしながら、不動産投資に従事する個人投資家が増えるということは、投資環境が厳しくなるということです。現に優良物件情報は少なくなり、融資への銀行の体勢も厳しくなっています。何でもいいから不動産投資をやれば儲かるというような10年前ぐらいの雰囲気とは比べ物にならないぐらい環境が厳しくなっているということです。その一方でインターネットには不動産投資に関する情報が溢れています。

ある意味、**不動産投資もプロ化ではありませんが、しっかり勉強して投資をしないとなかなか自分の思い通りの結果に辿り着けないということな**のです。このような状況で、不動産投資に成功する人には、ある共通点があります。それは、自分を持っているということです。自分の投資スタンスを愚直に守り、情報に惑わされないという人です。情報の取捨選択をして、自分に必要な情報を見出すというスタンスが問われるのです。

サラリーマンの年収推移と、不動産投資に対する投資家の意識

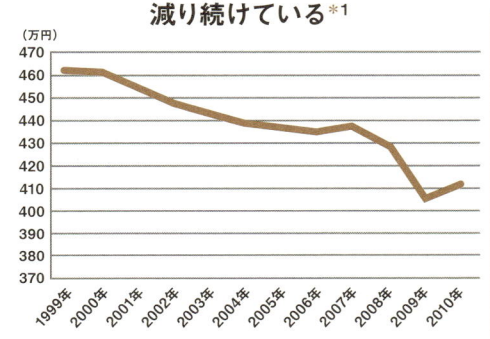

サラリーマンの年収は減り続けている *1

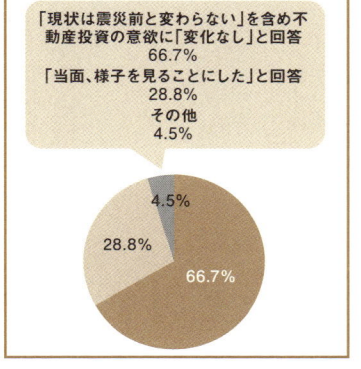

Q「東日本大震災の影響を受けて、不動産投資に対する意欲の変化は？」*2

「現状は震災前と変わらない」を含め不動産投資の意欲に「変化なし」と回答 66.7%
「当面、様子を見ることにした」と回答 28.8%
その他 4.5%

＊1（出所）国税庁「平成22年分民間給与実態統計調査結果」
＊2（出所）野村不動産アーバンネット「不動産投資に関する意識調査（第3回）」

Column

賃貸併用住宅で住宅ローンを原資に不動産投資ができる

　不動産投資をスタートさせるには、多額の資金が必要です。そのために必要なのがアパートローンです。しかし、融資を受けるためには、年収や勤務先、勤続年数、頭金の金額など個人属性がよくなければ、そもそもローンの審査が通りません。そこで最近注目されているのが、住宅ローンを不動産の原資にするということです。

　通常、アパートローンの場合、金利は年率1％〜5％です。審査も厳しく、個人属性で年収500万円以下は、1棟のアパートローンを借りるには厳しいとも言われています。なぜそんなに厳しいのかといえば、賃貸事業をきちんと軌道に乗せ、ちゃんと借金を返済することができるのかを金融機関は見ているからです。しかし、住宅ローンはそもそも自宅を購入するために借りるローンです。自宅は多くの人がおいそれとは手放しません。一生懸命、借金を返済しようとするため、金融機関の審査もアパートローンに比べれば、緩和されているのです。

　しかも、住宅ローンのメリットは、なんといっても金利が低いということです。一般の住宅ローンはどんなに条件が悪いところで借りたとしても、2％前後です。それに対してアパートローンはその倍。場合によっては倍以上にもなります。金利が安ければ返済する利息も少なくて済むということです。もう1つのメリットは、長期で借りられるということです。通常のアパートローンは30年が最長ですが、住宅ローンでは35年の長期間でローンが組めるので、返済もそれだけ楽になります。

　いいことづくめの住宅ローン活用法ですが、唯一の欠点があります。それは、投資する物件を選べないことです。自宅が賃貸用の住宅と併設されているか（賃貸併用住宅）、2世帯住宅などでなければ住宅ローンの適用は不可能です。あくまでも自宅の一部でなければ、住宅ローンは借りることができません。また、賃貸物件は自宅の隣なので、管理はしやすくなる一方、大震災などが起きた場合、震災リスクを分散できない、空室リスクの分散ができないなどの問題があります。住宅ローンを活用する方法も万能ではありません。自分の投資目的をもう一度振り返って、住宅ローンで不動産投資をスタートしていいのかどうか、しっかりと考える必要があります。

第2章

不動産投資のメリット

　どんな投資でもメリットとデメリットが存在します。そのメリットとデメリットを見極め、自分に合った投資方法を選ぶのが成功への近道です。この章では、不動産投資にどのようなメリットがあるのかを紹介していきます。現物投資、安定収入といわれている不動産投資のメリットを分析していきましょう。

2-1 不動産投資の5つのメリット

5つのメリット

不動産投資には5つの大きなメリットが存在しています。それぞれを説明していきましょう。

①安定した収入が見込める

家賃には「相場」があり、物件の立地条件、建物構造、築年数、付帯設備などの条件によって、収入はほぼ正確に予測できます。また、管理費、修繕費、保険料など不動産投資の毎月の支出項目はほぼ決まっています。2008年のリーマン・ショック時にも株式市場は大暴落しましたが、家賃相場は急激に乱高下することはなく、安定して推移しました。

②元手が少なくても投資ができる

不動産投資は不動産賃貸業という事業です。そのため事業をスタートするにあたり、銀行から融資を受けることができます。他の金融資産への投資で銀行が融資してくれることはまずあり得ません。

③経費を計上、節税ができる

不動産投資は事業ですから、個人事業主の場合は毎年3月15日までに収入を確定申告する必要があります。その際、事業に関連した経費を計上することができますし、不動産所得で出た赤字を給与所得と合算し、申告することで課税額が減り、還付という形で納め過ぎた税金を返還してもらうことができます。

④生命保険の代わりになる

サラリーマンが不動産投資に必要な融資を受ける際、「団体信用生命保険」（団信）の加入を条件としている金融機関があります。団信は債務者が死亡したり病気になったりしてローンの支払ができなくなったときに、生命保険会社が代わりに支払ってくれるものです。しかも、ローンの返済額には団信の保険料も含まれています。物件を購入すると同時に自動的に

生命保険に加入することになるのです。
⑤副業禁止規定に触れずに副業できる

　一般企業の副業禁止規定では、他人に雇われて収入を得ることを禁じている場合が多いのですが、不動産投資では他人に雇われて収入を得ているわけではないので、そもそも副業に含まれるケースは少ないのです。

　以上、5つのメリットが不動産投資には存在しているのです。次節からはさらにそのメリットを詳しく見ていきましょう。

不動産投資の5つのメリット

①安定した収入が見込める
収入はほぼ正確に予測できる。また、管理費、修繕費、保険料など毎月の支出項目もほぼ決まっている。

②元手が少なくても投資ができる
不動産投資は不動産賃貸業という事業。そのため、銀行から融資を受けることができる。

③経費を計上、節税ができる
不動産投資に関連した経費を計上することができる。また、不動産所得で出た赤字を給与所得と合算し、申告することで課税額を減らすこともできる。

④生命保険の代わりになる
物件を購入すると同時に自動的に生命保険に加入することになる。

⑤副業禁止規定に触れずに副業できる
不動産投資では他人に雇われて収入を得ているわけではないので、そもそも副業に含まれるケースは少ない。

2-2 他の金融商品と比べて安定収入が見込める

価格変動が激しい株式投資やFX

　株式投資やFX、投資信託、商品先物取引など世の中には多くの金融商品が存在します。ところが、こうした金融商品の多くは、世界情勢や景気、政治の動向など私たちの努力ではどうにもならないところで価格が変動してしまうというデメリットが存在しています。

　特にリーマン・ショック以降、世界経済全体で信用不安が蔓延しており、株式市場や債券市場に容易にマネーが流入しないような状況が続いています。かといって、大きなリスクをともなう商品市場にもマネーはあまり流れていません。どこにお金を投資していいのかわからず、経済全体が極端に保守的になっているというのが、現在の経済情勢でしょう。とはいえ、必要不可欠なものを消費するためのマネーは今も動き続けています。その1つが、不動産なのです。

価格幅が安定している不動産

　家賃相場を見るとわかりますが、賃料の水準はほぼ一定です。賃料がほぼ一定ということは、これは逆に言えば、常に一定の需要があるということを示しています。

　ところで、株式はどうでしょうか？　日経平均株価を見ていただければわかるように、短期間で価格が大きく乱高下しています。1年のうちに数十倍にもなりますし、数分の1以下になることも珍しくありません。価格の変動幅は大きく、数年後にどのような株価になるかは全く予測がつかないのです。これでは長期に安定収入を得られるのは難しいと言わざるを得ません。

　不動産投資では大きなリフォームをしない限り、家賃が短期間で倍になったりすることはありません。しかし倍にならない代わりに、家賃が半分に

2-2 他の金融商品と比べて安定収入が見込める

なるということも可能性としては小さいということが言えるでしょう。

　もちろん、建物が古くなることで家賃が多少値下がりすることはあります。たとえば、新築マンションが数年経つと大きく家賃が下がるのはそのためです。しかし、それでも周辺の家賃相場を調べることで数年後の家賃がだいたいいくらぐらいになるかということの見当はつきます。たとえば、仮に同じ間取りの周辺の中古物件の家賃が6万円だったとしたら、現在は新築で7万円だったとしても、数年後には6万円ぐらいになるということの予測がつくのです。このようにして、**価格の変動幅が大きくないので、不動産は長期的に安定収入を得るために適した投資対象**と言えるでしょう。

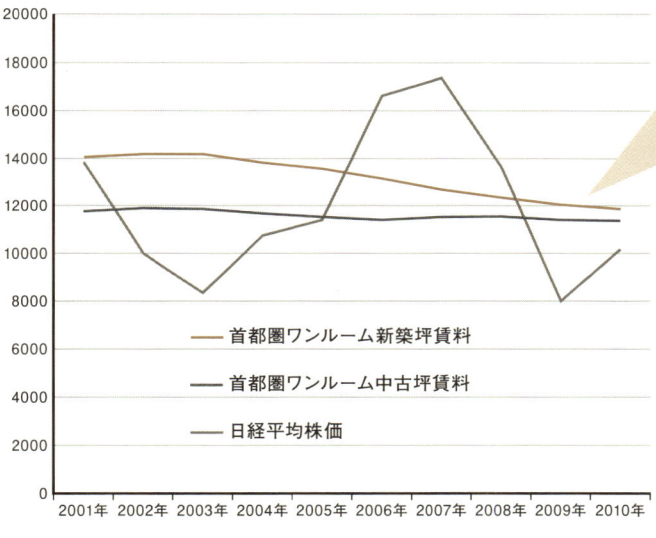

株式投資は相場が乱高下するが、不動産投資の家賃収入は一定＊

リーマンショック時でも、家賃収入は株価と比べて大きくは下がらなかった

＊首都圏ワンルーム新築・中古坪賃料に関しては東京カンテイ「首都圏の2010年投資用ワンルーム市場を調査・分析」を基に作成

2-3 元手が少なくても投資ができる

レバレッジ効果とは

　不動産投資は実業であるため、他の金融商品と異なり、銀行から融資を受けることができます。銀行から融資を受けて、自己資金の何倍ものお金で投資をする方法を「**レバレッジ効果**」といいます。"レバレッジ"とは、"てこ"の働きのことです。小さな力で重い物を動かす「てこの原理」のように、小さな自己資金で大きな収益効果を見込むことです。

　株式投資やFXにもレバレッジ効果を活用する方法はありますが、あくまでもそれは保証金の額に基づいたレバレッジです。不動産投資の場合は、個人の信用以外に、物件の担保価値というのも融資の際に考慮に入れられるので、より大きな資金を投じて不動産投資ができます。

レバレッジを使って得られる収益

　具体例を挙げましょう。計算を簡単にするために諸経費については考えないことにします。ここに、表面利回り8％（表面利回りについては4-12で詳しく解説します、ここでは収益の計算に使われる指標の1つと理解すれば大丈夫です。）、1000万円のワンルームマンションがあるとします。これを自己資金1000万円で購入すると、1000万円×8％＝年間80万円の家賃収入を得ることができます。

　次に自己資金1000万円を頭金として銀行から9000万円の借入をし、同じく表面利回り8％ですが1億円のマンションを購入したとします。すると年間の家賃収入は1億円×8％＝800万円になります。ここから、銀行へのローン年間返済分（金利2.5％、返済期間30年で計算）475万円を引くと、手取りは325万円になります。つまり、すべて自己資金で不動産投資をするよりも、**レバレッジをかけて銀行からお金を借りて不動産投資をすることで、元手の約4倍の収益を手にすることができるのです。**

もちろん、そのためには、個人の属性だけではなく、きちんとした融資戦略を立てて、優良物件を見つけることが条件となります。たとえば、転職を繰り返していて、借金まみれになっているような状態では、そもそも銀行から融資を依頼するのも難しくなってしまいます。一方、銀行の強みと弱みを知って、どういう物件であれば融資してくれやすいのかを考えるのが融資戦略です。優良物件を探すのであれば、どういう物件を銀行が好むのか、そうしたことを考えながら物件を選ぶという視点も必要になります。

とはいえ、このレバレッジ効果を使わない手はありません。大きな資金で不動産投資をスタートすることによって、収入が増えることになり、収入が増えれば増えるほど、あなたの夢に近づくことができますし、一定のキャッシュフローがあれば、さらに銀行から融資を受けて新たな不動産を購入することもできるからです。

このようにレバレッジは不動産投資特有のメリットの1つとして知られています。

不動産投資のレバレッジ効果とは何か？

銀行ローンを利用することで、資金をより効率的に運用すること

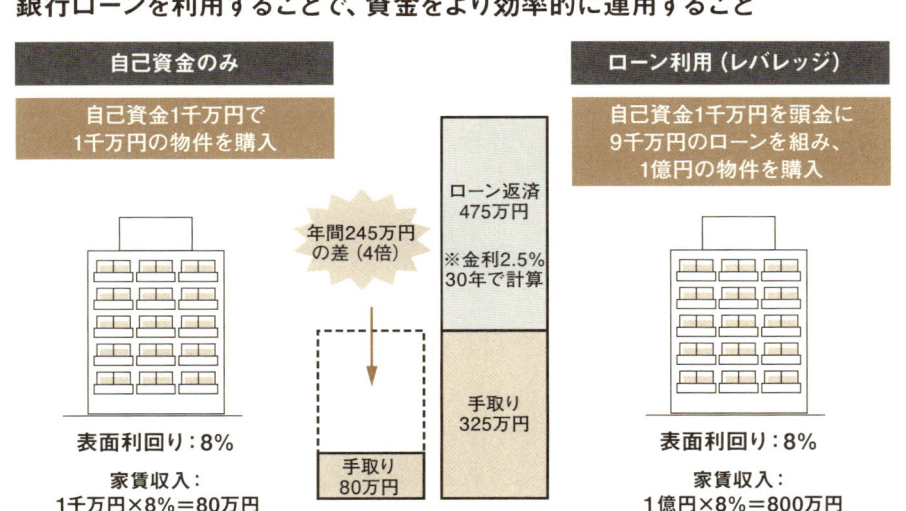

※わかりやすいように諸経費は計算から除外

2-4 経費を計上、節税ができる

不動産所得と事業的規模の関係

　これまで何度も述べているように、不動産投資は事業になります。そこから得られる収入は、税法上、「不動産所得」と分類されます。「不動産所得」を得たら、毎年確定申告をして納税する義務があります。

　また、自分の行っている不動産投資が事業的規模であるかどうかで、節税効果も変化します。**事業的規模**とは、アパート、マンションであれば10室以上運営していることが必要で、戸建住宅を貸し付けている場合は、5棟以上運営していることが原則になります。たとえば、青色申告制度を利用して確定申告する場合、65万円控除と10万円控除を選ぶことができますが、事業規模でない場合は、65万円控除を選ぶことはできません。このように事業的規模がないと税法上のメリットをあまり受けられないというのがポイントです。

　「**不動産所得**」は、総収入から必要経費を引いたものを税務署に申告して、納付するので、経費が多ければ多いほど、税金は少なくなる、ということになります。それだけではありません。不動産所得で赤字が出た場合には、**損益通算**といって他の所得、たとえば給与所得との通算ができるのです。これによって、給与所得にかかる所得税を減らすことも可能です。

不動産所得で認められる経費

　では、不動産所得で認められる経費というのは、一体どんなものなのでしょうか？

①賃貸用不動産（土地・建物）に課される固定資産税・都市計画税
②修繕費（資本的支出に該当するものは資産として計上）
③損害保険料（火災保険料など掛け捨てのものでその年分のみ）

④管理会社などに支払う管理委託手数料
⑤減価償却費
⑥賃貸開始後に支払った住宅建築・購入時の借入金の利息
⑦共用部分の電気代、水道代
⑧入居者募集のための広告宣伝費
⑨税理士などへの報酬
⑩立退料
⑪その他の雑費

などの経費があります。そのほかに、不動産投資をする上で、セミナーや現地調査のための移動費用なども雑費として計上することができます。

経費を多くすれば、所得税が還付されたり、翌年払う住民税が安くなったりします。

また、不動産投資は相続でも有利です。時価で評価される現金や株式などと違い評価額で不動産は計算されるので相続税の軽減にも役立ちます。

経費を計上し、節税できる

不動産所得 ＝ **家賃収入** － **必要経費**

↑
課税
（所得税・住民税）

家賃収入
共益費
駐車場代
自動販売機代など

修繕費、
損害保険料、
管理委託手数料、
借入金の利息、
共用部分の電気代、
減価償却費など

必要経費を計上することによって、不動産所得を減らし、所得税、住民税を節税することができる

2-5 生命保険代わりになる

団体信用生命保険とは

　不動産投資で銀行の融資を受ける場合、**団体信用生命保険（団信）**への加入が義務づけられます（銀行によっては義務なしの場合もある）。団体信用生命保険とは、ローンが長期で高額のためローンを組んだ人が万が一、亡くなった場合に保険会社が残債に相当する保険金、最大1物件につき1億円を金融機関に本人に代わって支払ってくれるという仕組みのことを言います（銀行によっては3億まで）。もちろん指定の高度障害になっても団信は適用されます。

　団信の保証の上限金額は先ほど1億円と言いました。個人で不動産を購入する場合は、1物件につき、1億円までが団信の保証上限となります。物件そのものが2億円など1億円以上になる場合は、1億円の団信付き融資と1億円の融資に分けて申し込むという方法もあります。この際、注意しなければいけないのが、団信付きの融資の金利と団信付きでない融資の金利が変わる銀行もあれば、変わらない銀行もあるということです。なかには変わらない銀行もあるのでチェックしておきましょう。

　団信は金融機関ごとに団信の利用者の分をまとめて申し込むため、普通の生命保険よりも掛け金が安いというメリットだけでなく、加入時年齢による保険料の違いもありません。さらに金融機関のなかには、掛け金を負担してくれるところもあるようです。それだけではありません、最近の団信はがん、脳卒中、急性心筋梗塞などの三大疾病保証付きなどさまざまなバリエーションが増えてきたので、あらゆる疾病などに対応が可能です。ですので、団信に加入することになれば、現在加入している生命保険の見直しを見当してもいいかもしれません。

団体信用生命保険の最大のメリット

　また、団信の最大のメリットは、なんといっても保険適用時には、ローンの返済額を上限1億円分保証してくれるということです。もし購入した物件が1億円以下であれば、団信に加入した人に万が一の事態が起こったとしても、残された家族にはローン返済後の不動産がそのまま残ることになります。

　不動産賃貸業をそのまま継続すれば、家族は月々の家賃収入をローンの返済金なしで、得られることになります。また、不動産を売却することによって、まとまったお金も手にすることができます。

　これらの充実した保証は、とても生命保険だけでは得られない保証でしょう。生命保険でその保証を得ようとすれば、かなり高い生命保険料を長期間、支払い続けなければならないでしょう。

　このように団信は、生命保険の代わりになるだけでなく、生命保険以上のメリットがあるのです。

生命保険代わりになる（団体信用生命保険の仕組み）

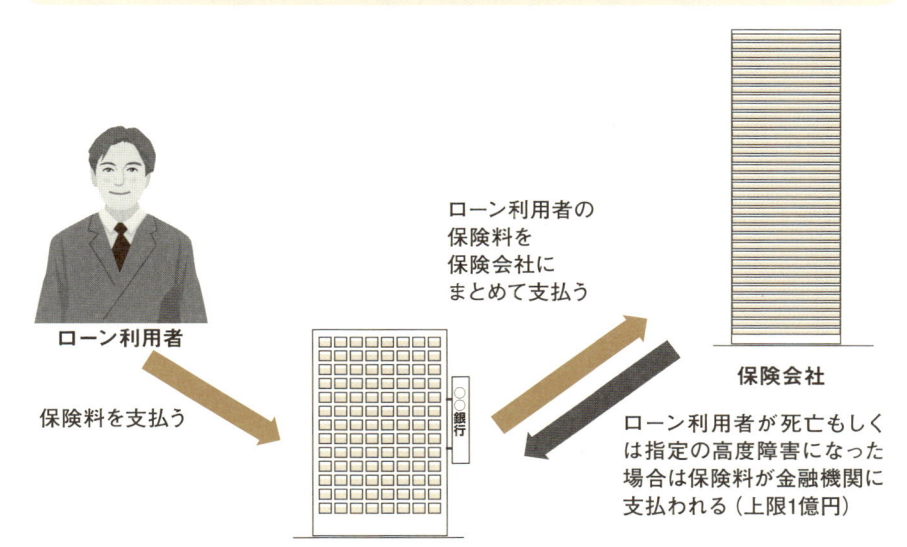

ローン利用者 → 保険料を支払う → 金融機関
金融機関 → ローン利用者の保険料を保険会社にまとめて支払う → 保険会社
保険会社 → ローン利用者が死亡もしくは指定の高度障害になった場合は保険料が金融機関に支払われる（上限1億円）→ 金融機関

2-6 副業禁止規定に抵触しない

副業禁止規定とは

　副業禁止規定に不動産投資が抵触するかどうかを考える前に、まず副業禁止規定がどういうものかを知る必要があります。

　副業禁止規定とは、就業規則の一部として存在しています。そのため副業禁止規定は労働基準法などの法律で定められたものではありません。あくまでも就業規則のなかでうたっている会社の独自ルールにしか過ぎないのです。

　ただし、副業禁止規定が法律上、有効になる場合というのは、副業が原因で会社に損害を与えたときです。
たとえば、次のような場合です。

　①副業のために遅刻や欠勤が多くなったと判断される場合
　②会社固有の技術やノウハウが漏洩されると判断される場合
　③会社の名前や名刺を使って副業を行なう場合
　④違法な仕事をして会社の品位を落とすおそれがある場合

不動産投資は副業禁止規定に抵触しない

　では、不動産投資は副業禁止規定に抵触するでしょうか？　普通に考えたら抵触する道理がありません。そもそも不動産投資はコンビニエンスストアのアルバイトのように時間拘束をされるような仕事ではありませんし、会社の固有の技術やノウハウを活用する必要もありません。それゆえに、副業として考えられることが少ないのです。

　サラリーマンで不動産投資をしていることの問題は、同僚のやっかみでしょう。不動産投資をしているから収入が多いと思われて、妬まれたりすることもあります。副業禁止規定に触れなくても不動産投資を行なっていること自体を会社に隠したいという人もいるかもしれません。

確定申告の際の注意

　そこで、オススメなのが、確定申告の際の手続きで工夫することです。実は不動産投資をやっていると支払う住民税が増えるため、会社の経理に知られてしまうことがあるのです。そこで住民税を納付する方法を給料から天引きされる「**特別徴収**」から「**普通徴収**」に変更します。こうすれば会社に住民税の額を知られずに確定申告を行うことができ、会社に知られずに済みます。ただし、不動産所得を赤字で申告した場合は住民税が減るため、会社に把握される可能性があります。このように不動産投資はアルバイトなどの副業と異なり、副業禁止規定に触れにくいという性格があるのです。

確定申告の際にチェックする箇所

○ 住民税・事業税に関する事項

「自分で納付」 ← ここをチェック

Column

不動産投資で覚えておきたい関係法令

　不動産投資ではさまざまな知識が必要ですが、物件選定の際には、不動産の関係法令を覚えておくと非常に役立ちます。というのは、不動産会社から提供される物件のなかで、建築したときには、法律に違反していなかったが、建築後、法律が変わり、違法建築になってしまった物件、土地の形状が変わってしまい、再建築不可になる土地も存在するからです。

　その際に、法律を知っているのと知っていないのでは、大きな違いがあります。

　知っていて欲しいのは、第1に「都市計画法」です。都市計画法の地区地域の用途地域のなかで、どのような区域はどのような建物が建つのか、容積率や建ぺい率はどうなのかということをざっくりとで結構なので頭の中に入れておくということです。

　そして、物件選びのときに自分の物件がどの地区地域に建っているのかをきちんと調べておくことが重要です。もし、商業地域に建っている物件であれば、金融機関が気に入るような土地である一方、歓楽街のような商業施設が住宅地の隣に建つ可能性もあるので、周辺環境を注意しなければいけないなどの意識が働くからです。

　第2には、「建築基準法」です。なかでも重要なのは敷地の接道義務です。建物の敷地は道路に幅4m以上の道路に対して2m以上接しなければいけないという法律上の制限があるということです。それに違反している建物が建っている土地は再建築不可になります。また各自治体によって、路地状敷地の制限を設けている自治体もあるので、物件選定で注意しておくことが大切です。これから購入する建物や土地が法律上、違反しているか、それともしていないかということは、不動産会社によって購入の前に「重要事項説明」で説明が行われますが、その段階で説明されて初めて知るよりは、もっと早い段階から知っておいた方がその後の手続きなどもスムーズになります。法律というと身構えてしまいがちですが、不動産会社が提供しているマイソクには、それらのことがほとんど書かれていなかったり、説明もしてくれなかったりするので、事前に法律の概要を知っておくだけでも物件選定のときに迷わずに済むと考えられます。

第3章

不動産投資のデメリット

　第2章では、不動産投資のメリットをお話ししました。第3章では、不動産投資をするとどんなリスクが発生するのか、その種類とリスクへの対処方法を紹介したいと思います。この世の中にある投資対象は、どんな投資対象であれ、必ずメリットとデメリットがあります。メリットのみのオイシイ話に容易に乗らないためにも、デメリットを知ること、リスクを知ることは重要です。

3-1 不動産投資の7つのデメリット

ミドルリスク・ミドルリターンの不動産投資

　前章では不動産投資のメリットの部分に注目してきましたが、この章ではデメリットの部分にも注目していきたいと思います。

　まず、不動産投資と他の金融商品を比べたときの話からしましょう。この世の中にある金融商品は大きく分けて2つの種類があります。1つは、**ハイリスク・ハイリターン商品**です。代表的な金融商品は株式です。数百倍になることもあれば、ゼロになることもあるというタイプの投資対象になります。その一方で、**ローリスク・ローリターン商品**もあります。代表的な金融商品は預貯金です。大きく増えないゆえに安全というタイプの投資対象です。この2つの種類のちょうど中間にある投資対象として、不動産投資があります。立地条件で家賃収入は若干の変動がありますが、着実に毎月家賃収入を得られるし、景気に左右されず価値もゼロになりません。不動産投資はミドルリスク・ミドルリターンの投資対象なのです。

不動産投資の7つのリスク

　もう1つ、リスクについて学んでおきましょう。投資を長く続けるためには、「**リスクコントロール**」という考え方がとても重要になります。リスクコントロールとは、ひと言でいえば、「大失敗をしないようにする」ということです。将来のリターンを見込めていても、投資を継続できなかったらそこでゲームオーバーになってしまうのです。

　不動産投資が成功するか、それとも失敗するかの9割は実は不動産を買うときに集中しています。

　そこで、不動産を購入するときに考えていただきたいのが、次の不動産投資に関する7つのリスクなのです。

3-1 不動産投資の7つのデメリット

①空室リスク、家賃滞納リスク
②流動性リスク
③修繕リスク
④外部環境変化リスク
⑤事故リスク
⑥金利上昇リスク
⑦災害事故リスク

　これら7つのリスクを不動産を購入するときによく調査して、しかるべき対策をリスクが発生する以前から講じておくのです。そうすればリスクが発生しても大きく失敗をするということはありません。それぞれのリスクを次節から、詳しく説明していきましょう。

不動産投資の7つのリスク

①空室リスク　入居者が現れず賃料収入が得られない
②家賃滞納リスク　入居者が家賃を払ってくれない
③流動性リスク　不動産は現金化しにくい
④修繕リスク　建物にかかる修繕費用
⑤外部環境変化リスク　人口変化等による需要の変化
⑥金利上昇リスク　金利の上昇によるローンへの影響
⑦災害事故リスク　地震・火災などによる被害

不動産投資のリスクは多いが、購入時に9割のリスクが低減できる

3-2 空室リスク

空室リスクとは

　最初に紹介するリスクは、「**空室リスク**」です。空室リスクとは入居者が現れず、賃料収入が得られないことを言います。
　不動産投資の収入の源泉は家賃収入になります。家賃収入がなければ、毎月のローン返済はおろか、管理費用や固定資産税などの支払いはすべてオーナーである自分が支払わなければなりません。サラリーマンの給与収入からこれらの支出を工面し続けるのは、至難の業です。いずれ破綻してしまいます。だからこそ毎月のキャッシュフローを悪化させる「空室リスク」は絶対に避けねばならないリスクなのです。

空室リスクへの対策

　対策は、大きく分けて3つあります。1つは、「購入戦略をきちんと立てる」ことです。そもそも空室が出るような物件というのは、必ずどこか入居者のニーズを満たせてないことが多いのです。家賃が高かったり、駅から遠かったり、周辺にコンビニエンスストアや銀行などの施設がなかったり、物件自体が古く、入居希望者が敬遠する物件である場合もあります。このような場合は、頻繁に空室が発生してしまいます。これには物件選定をしっかり行い、家賃相場の調査や周辺環境の調査もしっかり行うことが重要でしょう。
　第2に「不動産管理会社を選定する」ことが挙げられます。**賃貸付け**（入居者募集）に強い不動産会社を選び、広告宣伝費を使って空室を埋めることも必要でしょう。
　また、サブリースを利用して空室を埋めるという方法もあります。**サブリース**とは毎月一定の管理手数料を払えば、不動産管理会社が家賃保証をしてくれるサービスのことです。このサービスを利用するためには、賃料

の10～20％のコストがかかりますが、どうしても空室が埋まらないというのであれば、このシステムを利用してもいいかもしれません。ただし、サブリース自体を行っていない管理会社もあるので事前にチェックをしておきましょう。

3つめとして、「建物や設備を充実させる」ことが挙げられます。リフォームを行って外装をキレイにしたり、建物に付帯している設備を充実させることで空室リスクを低減させることができます。

空室リスクへの対処法とポイント

購入戦略を立てる ＋ 不動産管理会社を選定する ＋ 建物や設備を充実させる

空室リスクへの対処法

お金（ソフト）の調整
・家賃、敷金、礼金を減らす
・建物・設備（ハード）の整備
・外観を塗り直す
・付帯設備の充実
　→トイレにウォシュレットを設置
　　お風呂に専用テレビを設置

管理会社の選定
・客付けの強い業者の選定
・広告宣伝費を多く支払う

空室リスクのポイント

不動産投資は毎月の家賃収入で成り立っているため、空室リスクは不動産投資家にとって最大のリスク

空室リスクは、毎月のキャッシュローを悪化させるので、早めに対処する

購入するときに居住ニーズを調べることはもちろん、購入後も積極的に対応する。たとえば、不動産管理会社を利用して入居者を募集するだけでなく、建物や設備を充実させて資産価値を上げることも重要

3-3 家賃滞納リスク

家賃滞納リスクとは

　入居者が家賃を払ってくれないリスクを「**家賃滞納リスク**」と言います。家賃滞納だけでなく、滞納しながら居座られたり、家賃を滞納したまま夜逃げされたりするオーナーも珍しくはないのです。

　たとえば、こんな事例がありました。入居者Aさんは入居当初から家賃の支払いが遅れ気味でした。入居者Aさんは、知り合いの不動産会社の社長から紹介されたということで、連帯保証人も取らずに我慢をしていましたが、毎月、督促と入金を繰り返しているうち1年後に家賃の振込がまったくなくなりました。

　オーナーさんは、知り合いの不動産会社の社長に連絡しましたが、まったく取り合ってくれなかったといいます。Aさんの携帯電話に連絡しても埒があかないので、部屋に訪問したところ、契約している人とは別の入居者が住んでいたそうです。

　そこで退去してもらえば、まだよかったのですが、オーナーは、その別の入居者が家賃を払うといったので、それを信用して待っていたといいます。すると、知らない間に夜逃げされたということです。その間、まったく家賃収入が得られないばかりか、夜逃げされてしまったので家賃を滞納していた部屋のリフォーム代もオーナー持ちになってしまいました。

　このように**家賃滞納リスクは放置すれば放置するほど、問題が大きくなっていくので早めに対処をしたほうがいいでしょう**。家賃滞納が発生したら督促し、家賃を滞納していることを内容証明で書面通知します。書面通知はインターネット上からも行うことができるので簡単です。それでも連絡がない場合は、連帯保証人に連絡して家賃滞納を解消しましょう。

家賃滞納リスクへの対策

　家賃滞納リスクについては、入居者の審査を厳格にして対応することも必要になるでしょう。いい入居者を選定してくれる不動産会社を選ぶことも必要です。また、万が一に備えて、保証会社の滞納保証サービスを利用することも考えましょう。**滞納保証サービス**とは、家賃や共益費の滞納があった場合に、滞納された家賃や共益費を入居者に代わって立て替えてくれるサービスになります。このサービスは不動産会社がサービスメニューの一環として提供しているケースと保証会社などが提供しているケースがあります。

　最近では、入居者に連帯保証人をつけるのではく、入居者に家賃滞納保証をつける保証会社を利用することが主流になっています。費用は家賃1カ月分の50％から100％になります。こうした保証を利用して家賃滞納リスクを回避しましょう。

家賃滞納リスクへの対処法とポイント

家賃滞納リスクへの対処法

入居者の選定
→リスクの高そうな入居希望者は入居させない。

保証会社の滞納補償制度を利用する
→入居者負担が増えるが、その反面安心を得られる

家賃滞納リスクのポイント

家賃滞納者には早めに、かつ厳正に対処する

放置しておくと問題が拡大するケースが多い

基本的には管理会社が対応してくれるが、悪質な場合は法的な手段に訴えなくてはならないこともある

管理会社の中には、自社で保証のサービスを提供しているところもある

入居審査に力を入れる

では、具体的な入居審査の方法はどうすればいいのでしょうか？　まずは優秀な管理会社を選ぶということが重要です。入居者には必ず保証人か保証会社をつけるということをしている管理会社を選ぶことが重要です。

その上で、問題のある入居者を見抜くポイントはいくつかあります。まず第１に、「提出書類に不審な点がある」ケースです。たとえば、緊急連絡先が勤務先や実家の連絡先ではない人などが挙げられます。このような場合は、安定した収入先がないケースや両親と入居者が不和の関係にあったりして、家賃滞納リスクが高まります。また、これは論外ですが、保証人と借主が同じ筆跡である場合には、保証人に了承を取っていない場合もあるので、注意しましょう。

入居者の収入源を検討する

第２には、「家賃と収入が釣り合わないような入居者」をしっかりとチェックすることです。収入が少ないのにもかかわらず、ブランドの服を着ていたり、派手な格好をしたりしている人は支出が多い傾向があります。車を持っている人も維持費がかかるので、要注意です。通常、家賃は収入の３分の１以内が適当です。それ以下の収入の場合は家賃の支払いに苦労するケースが多いので、家賃滞納になることがあります。

学生などの入居者の場合で気をつけなければいけないのが、両親の支払い能力です。学生の場合は一般的に両親が家賃を支払うことになりますが、両親に支払い能力がない場合、家賃滞納になってしまうので、気をつけましょう。

第３に、「頻繁に転職を繰り返しているような入居者」も要チェックです。あまりにも転職を繰り返している人は、転職先が決まらずに、家賃滞納をしてしまう可能性がとても高くなるので注意が必要です。

入居審査で気をつけなければいけないのは、上場企業に勤務していたり、公務員であったりしても、優良入居者とは限らないということです。いく

ら上場企業勤務で見た目が普通でも、周りの入居者に迷惑をかけたり、家賃を滞納したりする入居者であるケースも多いのです。**サラリーマン大家さんは、時間がないので入居審査を管理会社に任せるケースが多くなります。そのため、どの管理会社を選ぶかによって、命運が左右されることもあります。**入居審査にはどのような基準を用いているのか、管理会社をしっかり見極めることが必要です。

問題のある入居者の見分け方

①提出書類に不備がある

緊急連絡先が勤務先や実家の連絡先ではない人、また、保証人と借主が同じ筆跡である場合などもしっかりチェックする。

②収入と家賃が釣り合わない

収入が少ないのにもかかわらず、ブランドの服を着ていたり、派手な格好をしたりしている人はチェックする。
車を持っている人も維持費がかかるのでチェックする。また、学生などの入居者の場合は、両親に支払い能力があるかどうかも確かめる。

③転職を頻繁に繰り返していないか

転職を繰り返している人は、転職先が決まらずに、家賃滞納をしてしまう可能性がとても高い。

3-4 流動性リスク

流動性リスクとは

　3番目に紹介するのは「**流動性リスク**」です。**流動性**とは、ある金融資産を現金に変えられる度合いを表すものです。現金化しやすければしやすいほど、流動性リスクは低く、現金化しにくければしにくいほど流動性リスクは高くなります。不動産の場合、慣習として市場で取引するのではなく、売買当事者観で売買を行う相対取引が中心です。もちろん、不動産を円滑に取引するための情報交換サイトなどは発達していますが、中心は相対取引なのです。

　ところが、この取引方法ですと、買い手がいない限り、売ることができないということになります。売りたいときに売ることができない。つまり、不動産投資というのは、株式などと比べて流動性リスクが非常に高い投資方法なのです。また、売買には仲介手数料を始めとしてさまざまな手数料、税金がかかります。そのため売買を繰り返すのではなく、中長期保有が前提で一度購入すれば、すぐに手放すということはほとんどない投資対象なのです。

　また、不動産の購入は常に銀行に影響を受けるという事情もあります。なぜかといえば、株式やFXと異なり、不動産の購入金額がどうしても高くなってしまうからです。つまり、銀行融資を前提にして不動産を購入しなければならないのです。ところが、この購入方法ですと、銀行の融資姿勢によって購入が左右されます。景気がいいときは、銀行の融資姿勢が緩むため、借りやすくなって購入することができますが、景気が悪いときには銀行の融資姿勢が厳しくなるので、なかなか融資が降りずに結果的に購入できないということがあるのです。買いにくく、売りにくいというのが不動産の特徴であるということを考えておいた方がよいでしょう。

流動性リスクへの対策

　この流動性リスクに対する対処法としては、第1に「中長期保有を前提として購入戦略をきちんと立てる」ということが挙げられます。流動性が低いのであれば、短期ではまず売らないことを前提に、きちんと収益が上がる物件かどうか見極めてから買うということです。第2にいくらぐらいで買うことができるのか、価格の目安をある程度、決めておくということです。買うタイミングはコントロールすることができませんが、物件購入に際して交渉し、購入価格をコントロールすることはできます。現金がすぐにでも欲しい売主であれば、値引きに応じるかもしれませんし、現地調査で物件に価格を下げられる問題点があれば、値引きに応じてくれる可能性も高くなります。このようにして流動性リスクを減らしていくことが必要です。

流動性リスクへの対処法とポイント

流動性リスクへの対処法

中長期保有を前提にして購入戦略を練る
→短期売買を繰り返す方法は玄人向き

出口をある程度決めておく
→中長期保有後、最終的に売却するのか、建替えるのか、保有し続けるのかを決める。

流動性リスクのポイント

株式は市場取引 — 売主／買主／売主 → 市場 → 買主／売主／買主（市場を介して売買する）

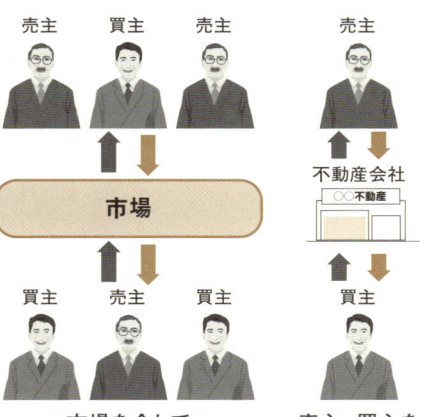

不動産は相対取引 — 売主 → 不動産会社 → 買主（売主、買主を見つけて売買する）

不動産投資は流動性リスクが高い

3-5 修繕リスク

修繕リスクとは

　第4のリスクは「修繕リスク」です。**「修繕リスク」**とは将来のキャッシュフローを悪化させるリスクと言ってもよいものです。

　建築されてから、10年以上経つ物件では、建物の老朽化によって臨時に修繕費用が発生することがあります。たとえば、建物の外壁が古くなって崩れ落ちたり、配管などが老朽化して使えなくなったり、設備として備え付けているエアコンが壊れたり、給湯器が使い物にならなくなったりなどさまざまな問題が突発的に発生するのです。こうした修繕費用の発生は、将来のキャッシュフローを大きく悪化させる原因になります。

修繕リスクへの対策

　将来のキャッシュフローを悪化させる原因になる「修繕リスク」を回避するには、どうすればよいのでしょうか？

　大きく分けて2つの方法があります。

　第1には、物件選定のときに建物の「修繕履歴やER（エンジニアリングレポート）を回収する」ということです。**修繕履歴**とは、物件の管理会社が行った修繕工事の一覧のことをいいます。この履歴を見ることによって、物件にどのような修繕が行われたのか、また今後どのような修繕が発生する可能性があるのかがわかります。もう1つの**ER**とは、第三者的見地から物件の構造や設備の劣化状況を調査した調査報告書のことです。ERを取得して調べることで物件の劣化状況をより客観的に把握することができます。購入戦略の物件選定時には、こうした資料を取り寄せることが重要になります（5億円以下の物件でERをすることはほぼありません）。

第2には、「修繕のための積立金を賃料の一部から積み立てておく」ことが挙げられます。あらかじめ積み立てておけば、いざというときにその積立金を取り崩せばよいのでキャッシュフローの悪化を防ぐことができます。購入戦略を考えるときには、修繕履歴やERなどから判断して、修繕コストも見込みながら収支計画を作成することが重要です。

修繕リスクを負いたくないというのであれば、築浅物件を選んだり、新築物件を選ぶという方法もあります。また、プロパンガスを使用している物件であれば、プロパンガス会社が給湯器を無料で交換してくれるサービスを行っているところもあります。こうした会社と組むことで修繕費用を抑えることも可能です。

優秀な不動産コンサルタントに相談して、一緒にチェックしてもらいましょう。

修繕リスクへの対処法とポイント

修繕リスクへの対処法	修繕リスクのポイント
初心者・忙しい人は築浅・新築を選ぶ →修繕費用が発生しない	修繕リスクとは将来のコスト増に対するリスクのこと
将来発生する修繕費を積み立てておく →エアコン、給湯器、外壁修繕等	築20年以上の中古物件は、給排水施設や給湯器などの設備に修繕の必要性が出る可能性があり、急な出費が発生しやすい
	将来のコスト増は面倒だという人は、新築物件や築浅物件を購入すると修繕リスクを減らすことができる

3-6 外部環境変化リスク

人口減少、少子高齢化社会を迎える日本

　日本はこれから本格的な人口減少、少子高齢化社会を迎えることになります。国立社会保障・人口問題研究所の調査によると、2010年から2030年までの今後20年間で日本の総人口は1億2806万人から1億1662万人となり、さらに2030年から30年後の2060年には、1億人を割り、その約4割は65歳以上といわれています。こうした人口減少、少子高齢化時代を見据えて不動産投資を考える必要があります。特に不動産投資は購入戦略が9割といわれています。どのエリアに物件を購入するかがとても重要です。

　一方、都道府県別総人口の推移をみると、2025年以降はすべての都道府県で人口が減少する傾向がありますが、そのなかで全国の人口割合が2035年まで緩やかに上昇するエリアがあります。それは、南関東ブロック（東京、埼玉、神奈川、千葉）です。特に東京は人口が集中すると推測されています。さらに世帯数の変化を見ていきましょう。2005年から2030年の間に「単独世帯」は1446万世帯から1824万世帯へ、「ひとり親と子から成る世帯」は411万世帯から503万世帯まで増加するといわれています。一方、同じ期間に「夫婦のみの世帯」は964万世帯から939万世帯へ、「夫婦と子から成る世帯」は1465万世帯から1070万世帯へ、「その他の一般世帯」は621万世帯から544万世帯へと減少します。

　2005年と2030年を比較すると「単独世帯」「ひとり親と子から成る世帯」が増加し、「夫婦のみの世帯」「夫婦と子から成る世帯」「その他の一般世帯」が減少するという集計結果が出ています。つまり、少人数の世帯が増加することがわかります。

3-6 外部環境変化リスク

今後の物件需要

　これらの調査結果から判断すると、今後は南関東エリアで少人数の世帯向けの物件に需要が集まる可能性があることがわかります。購入戦略ではこうした将来の推計値も考慮に入れて、戦略を立てることが、安定したキャッシュフローを生み出す秘訣になります。

　具体的に外部環境変化リスクに対する回避策は、将来的に資産価値が下がりにくい好立地を選ぶことが大前提になります。特に**南関東エリアで少人数の世帯向けの物件を購入するように戦略を立てる**というのが無難でしょう。4LDKや5LDKといった大規模家族用の物件ではなく、1K、1LDK、2LDKといった物件が好まれる傾向があるということです。

外部環境変化リスクの把握と対処法

家族類型別一般世帯数の実績及び将来推計 *
→下の表から単身世帯は増えている等、外部環境変化リスクを把握する

年次	一般世帯						その他
	総数	単独	核家族世帯				
			総数	夫婦のみ	夫婦と子	ひとり親と子	
1980年	35,824	7,105	21,594	4,460	15,081	2,053	7,124
1985年	37,980	7,895	22,804	5,212	15,189	2,403	7,282
1990年	40,670	9,390	24,218	6,294	15,172	2,753	7,063
1995年	43,900	11,239	25,760	7,619	15,032	3,108	6,901
2000年	46,782	12,911	27,332	8,835	14,919	3,578	6,539
2005年	49,063	14,457	28,394	9,637	14,646	4,112	6,212
2010年	50,287	15,707	28,629	10,085	14,030	4,514	5,951
2015年	50,600	16,563	28,266	10,186	13,256	4,824	5,771
2020年	50,441	17,334	27,452	10,045	12,394	5,013	5,655
2025年	49,837	17,922	26,358	9,762	11,524	5,072	5,557
2030年	48,802	18,237	25,122	9,391	10,703	5,027	5,443

外部環境変化リスクへの対処法

少子高齢化によって、東京、名古屋、大阪の三大都市圏に人口が集中する可能性が高い
→三大都市圏の物件を購入する

大家族で居住するのではなく、単身世帯での居住形態が増えている
→単身世帯向けの物件を購入する

都市開発による居住ニーズの変化
→不動産会社へのヒアリングで開発計画を熟知する

* （出所）国立社会保障・人口問題研究所「人口統計資料2008」

3-7 金利上昇リスク

日本のデフレ経済

　現在、日本の経済はデフレ経済です。**デフレ**とはモノの価値が下がる一方で、カネの価値が上がる経済をいいます。日本を除く他の先進諸国はどちらかといえばインフレ経済です。そのため、インフレを嫌がる世界のマネーが日本に集中し、日本の債券価格が上昇しています。債券価格が上昇すれば金利は下がり続けます。2012年5月現在の日本の政策金利は0.03％です。

　今後もヨーロッパの信用不安が高まれば、何らかの形でさらなる低金利への誘導もあるかもしれません。ただし、これまで続いて来た日本のデフレ経済はいつまで続くのかわかりません。日本の金融政策当局である日銀も重い腰を上げて、インフレ経済への誘導を徐々に行っているともいわれています。日本経済がインフレに誘導されれば、金利上昇も視野に入ってきます。

イールド・ギャップとは

　「**イールド・ギャップ**」という不動産投資の考え方があります。これは物件の利回りから借入金利を差し引いた数値のことを指します。仮に今、ある物件の利回りが6％だったとしましょう。借入金利が3％である場合、イールドギャップは3％になります。ところが金利が上昇すれば、このイールド・ギャップも狭まるということになります。

　イールド・ギャップが狭くなれば、狭くなるほど銀行から融資を受けてスタートする不動産投資は利益が出にくくなるということです。現在はまだ日本の金利は低水準で推移していますが、今後は金利上昇の局面も多くなっていくと考えた方がよいと思います。金利の変化は、ローン返済額に大きな影響を与えることになります。

金利上昇リスクへの対策

それでは、**金利上昇リスク**に対応するにはどうすればいいのでしょうか？ 大きく分けて3つの方法があります。

第1は、「金利上昇を織り込み済みで収支計画を立てる」ということです。金利水準が上昇したときのことを考えて、返済に無理のないローン返済計画、収支計画を考えます。第2には、「変動金利で借りるのではなく、なるべく長期固定金利で資金調達を行う」ということです。長期の固定金利にすることで、今すぐ起こる金利上昇リスクを避ける効果があります。第3は、「不動産購入のタイミングを図る」ということです。金利上昇局面には不動産は買わず、金利が下落する局面で購入するということです。

この3つの対応策で金利上昇に対応することが考えられます。

日本の政策金利の推移＊

→ 1996年から過去15年間、政策金利は1％も上昇していない

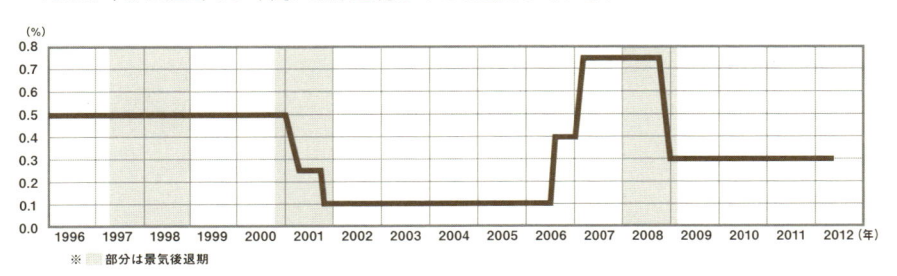

※　　部分は景気後退期

金利上昇リスクへの対処法

ある程度の金利の上昇を見込んでおく
→借り換えや繰り上げ返済も予定する

金利の変動に一喜一憂しない
→変動金利ではなく長期固定金利で借りる

金利上昇局面では買わない
→購入のタイミングを図る

＊（出所）日本銀行「時系列統計データ検索サイト」

3-8 災害事故リスク

不動産投資につきまとう災害事故

2011年3月11日、東日本大震災が発生し、多くの家屋が潰れたり、津波で流されたりしました。動かない資産が投資対象の不動産投資を行っている限り、災害リスクは常につきまといます。

災害リスクを避けるために、昔から「木造よりも鉄骨鉄筋コンクリート、築古物件を選ぶよりも、新築物件を選べ」などと言われ、堅牢な建物と築年数から判断する方法もありましたが、東日本大震災のように甚大な地震が起きてしまったら、建物の構造も築年数も関係なくなってしまいます。確実に災害リスクを避ける方法ではありません。

災害事故への対策

ただし、中古物件の購入検討をしているのであれば、耐震基準を見るということはしたほうがいいでしょう。一般的に1981年の「**新耐震基準**」以降に建てられた建物であれば、比較的地震に強い造りであるといわれています。ただし、外壁にひびなどがある場合は、地盤が弱いとか、施工ミスなどがあるケースも多いといわれています。物件を選定するときにはきちんとチェックしましょう。

また、現地調査の際に、外壁に歪みがあったり、壁が崩れ落ちたりしている場合は地盤が弱い上に、施工のミスが重なっているという問題もあります。

ただし、現地調査も専門家でないとなかなか判断しにくいというところもあります。耐震基準と築年数だけではなくて、不動産コンサルタントなどの専門家による診断サービスを利用するのも1つの手だと思います。

しかし、こうした対応策も100％災害に対するリスクを減らすことはできません。そこで、こうした**災害リスクには火災保険や地震保険をかけて**

3-8 災害事故リスク

リスクを減らすことが肝心です。このように、外部環境の変化や自然災害のことも考慮に入れて、不動産投資を検討することが重要です。

災害事故リスクへの対処法

天災・火災リスクへの対処法

回避は難しい
→各震災をカバーする保険に加入
　例）火災保険、地震保険など
→新耐震基準以降に建てられた物件を選ぶ

事故リスクへの対処法

回避は難しい（自殺、殺人）
→連鎖退去により後の家賃に影響する可能性があるため、フォローする方法を想定しておく
　例）菓子折を持って戸別挨拶など

	制定された耐震基準法	大規模地震
1920年	市街地建築物法	
1923年		関東大震災
1924年	市街地建築物法改正	
1948年		福井地震
1950年	建築基準法制定	
1964年		新潟地震
1970年	建築基準法改正	
1978年		宮城県沖地震
1981年	建築基準法施行令大改正（新耐震）	
1995年	建物の耐震改修に関する法律制定（新耐震以前の建物に関する規制）	阪神・淡路大震災
2000年	建築基準及び同施行令改正	
2011年		東日本大震災

1981年の新耐震以降に建てられた物件は、地震に強いといわれている

人災への対策

一方で、不動産投資には自然災害だけでなく、人災も存在します。**人災**とは「**事故リスク**」です。強盗や殺人、自殺などの物件のイメージを大きく損なうものだけでなく、近隣同士のいさかいやトラブルなどまでありとあらゆる**人的リスク**があります。

ただし、こうした人的リスクに対して取れる対処法は限られています。まず第1にやるべきことは、月並みの対処法ですが「入居者の審査を厳格にする」ことです。職業と勤務先、年収、引越理由などから判断するという方法です。

ただし、この方法も対処法としてはあまりよいものではありません。

以前、都内で起きた殺人事件ではそのマンションに住む入居者が犯人でした。しかも、犯人は穏やかな性格で、高収入も得ていたといいます。審査で防ぐのには限界があります。結局、防犯カメラの死角から犯人特定が遅れてしまったのが事件が深刻化した原因でした。ですので、防犯カメラを増やすとともに防犯カメラを設置しているということをポスターなどで常にアピールすることが大切です。合わせて家賃保証サービスを利用するということも検討してみてもいいかもしれません。

自殺や殺人といった事故リスクが発生してしまったら、事件後すぐにオーナーである自分が自ら入居者とコンタクトを取って対応する方法が考えられます。管理会社に任せっぱなしにするのではなく、オーナーが自ら入居者と話すことで、ある程度、退出を防ぐことができます。

火災保険、地震保険に加入する

東日本大震災後、災害事故リスクへの懸念が高まっているので、ここでもう少し具体的な対処法についても説明しましょう。アパートローンで物件を購入したら、火災や地震に対する収益物件のリスク回避のために、銀行から保険に加入することが義務づけられます。保険会社によって契約内容や補償内容などさまざまなので、どんな補償内容なのかをチェックしましょう。

一般的に火災保険は「**住宅火災保険**」と火災だけでなく、盗難や災害や水災に対応することができる「**住宅総合保険**」に分けられます。

「**住宅火災保険**」の補償対象は、火災、落雷、ガス爆発などの破裂、爆発、風災、ひょう災、雪災です。

なお、火災保険の水災とは、次のような内容になります。

①洪水

台風や暴風雨、豪雨等により発生した洪水、あるいは融雪による洪水などです。あるいは、近年相次いでいるゲリラ豪雨などで、マンホールから

水があふれ出したため起きる都市型水害も対象になります。

②高潮

台風が近づくと気圧が低くなり風が強くなると起こりやすくなる、高潮による被害も対象になります。

③土砂崩れ

集中豪雨などによる「土砂崩れ」も水害です。たとえば、地滑り、がけ崩れ、土石流などが対象になります。ただし、地盤沈下の被害は火災保険では補償されないので注意が必要です。

一方、「住宅総合保険」は、「住宅火災保険」の補償対象に加えて、水災、自動車の飛び込みなどによる飛来、落下、衝突、給排水設備などによる水漏れ、騒じょうなどによる暴行、破壊、盗難などがあります。

補償内容は、保険会社の契約内容によって変わりますが、投資物件の場合、一般的に住宅総合保険に加入することになっています。

地震による損害は地震保険でカバー

ただし、火災保険だけでは、地震を原因とする火災の損害は補償できません。そこで役に立つのが「**地震保険**」です。

「地震保険」は、火災保険に加入しないと入れない保険になりますので厳密には火災保険の特約になります。

「地震保険」の補償対象は、地震による火災や延焼、地震による倒壊、火山の噴火による損壊、津波による流出、地震による埋没などが補償対象になります。補償内容は建物5000万円、家財1000万円を限度として火災保険の5％から5割程度が補償されます。保険料は、建物構造や建物が建っている地震発生危険度別に分かれた地域別によって算出されます。

3-8 災害事故リスク

火災保険、地震保険の対象となる損害

住宅火災保険	住宅総合保険	地震保険
火災、落雷、ガス爆発などの破裂、爆発、風災、ひょう災、雪災	火災、落雷、ガス爆発などの破裂、爆発、風災、ひょう災、雪災、水災、自動車の飛び込みなどによる飛来、落下、衝突、給排水設備などによる水漏れ、騒じょうなどによる暴行、破壊、盗難など	地震による火災や延焼、地震による東海、火山の噴火による損壊、津波による流出、地震による埋没など

※地震保険は火災保険の特約になっている

ローンの返済に使われる火災保険

ところで、実際に火災や地震が起きたときに、その保険料は誰に支払われるのでしょうか？　保険の予備知識として知っておきましょう。この保険料は、オーナーではなくて金融機関に支払われます。

不動産の決済当日に、金融機関によって火災保険や地震保険の保険に「質権設定」が行われる場合があります。

質権設定とは、借入金の担保にする手続きのことです。金融機関が火災保険や地震保険に質権設定をして、万が一、火災や地震が発生してローンの担保になっている不動産が損害を被った場合、保険料を受け取る権利を得るのです。

ただし、すべての保険料が金融機関に支払われるというわけではありません。

というのは、支払われる保険料が残債以下の場合もあるからです。そこで金融機関は、今後の返済見込みを判断します。

アパートローンの返済が順調で、経営も順調であれば、その保険金をオーナーに支払うように手続きをしてくれて、その保険金で再度新しい建物を建てることができる場合もあります。一方で、オーナーのローン返済が滞っていたり、アパートやマンションの経営がうまくいっていない状態で、金融機関が今後の返済見込みを検討し、保険金で返済してもらったほうがいいと判断した場合、金融機関が保険金を受け取りローンの返済に充てる可能性があります。

火災保険の解約がしにくくなる

火災保険に質権を設定すると質権者である金融機関の同意なしに火災保険を解約することができなくなるので注意が必要です。保険に加入する際には、最低でも融資期間分の年数の火災保険に加入しなければなりません。最近のケースではほとんどの場合、金融機関に質権設定されるということはありませんが、万が一、金融機関によって、火災保険に質権設定された場合、火災保険を解約するためには、金融機関の同意が必要になります。しかし、解約のための基本手続きが面倒なため、解約を断られるケースがあります。ただし、火災保険の切り替えを否定する権利は金融機関にはありませんので、しっかり説明して手続きをしてもらいましょう。

金融機関による火災保険の質権設定

アパートローンで収益不動産を購入した場合、
金融機関による火災保険の質権設定が行われる場合がある

↓

火災保険の解約がしにくくなる
が不動産会社がしっかり
対応してくれれば変更可能

保険契約の注意事項

　火災保険や地震保険を契約するにあたって、注意したいのが**収益物件に対する保険に詳しい営業マンは非常に少ないということ**です。相談できる相手がほとんどいないということなので、収益物件に強い営業マンを探しておくことも非常に大切です。損害保険会社の営業マンで詳しい人がいない場合には、収益物件に詳しいファイナンシャルプランナーなどを当たってもいいかもしれません。オーナーに合った火災保険や地震保険を第三者の視点から提案してくれるので、重宝できます。あるいは、不動産会社お抱えの保険会社も考えられます。

　また、入居者が原因による災害については、入居者が契約する際に損害保険加入をしてもらうことで対処します。入居者が損害保険加入を拒む場合には、入居についても考える必要があるでしょう。

火災保険の特約

　また、火災保険の契約時に忘れずにチェックしておきたいのが、**火災保険の特約**です。押さえておきたい特約は2つあります。

①家賃損失補償特約

　この特約は建物の復旧期間内に発生した家賃の損失に対する補償になります。たとえば、火災が起きて、消防車による火災の放水が行われた場合、部屋中が水浸しになって、入居者が住めなくなってしまうことが十分考えられます。もちろん入居者が住めなくなってしまえば、家賃収入がなくなりますから、その間の補償が必要になります。

　しかし、通常の火災保険にはそのような補償が入っていないので、特約で家賃補償をカバーしておくのです。こうすることで火災によるリスクを大幅に減らすことができます。この際の家賃損失に対する補償ですが、満室の状態で算出してください。

②建物賠償責任担保特約

　今回の東日本大震災でよく見られましたが、建物の倒壊や建物の外壁の剥落によって、入居者や通行人にけがをさせてしまった場合、オーナーに損害賠償請求が来ることもあります。その際に保険をかけておけば、こうした損害賠償請求に対するリスク回避を行うことができます。

　それがこの「**建物賠償責任担保特約**」というものです。この特約は建物の所有または管理に起因する偶然事故によって、法律上の損害賠償責任を負担されることにより、支払うべき損害賠償を補償してくれる特約になります。

　①家賃損失補償特約、②建物賠償責任担保特約にしろ、保険料の金額はさほど高くないので、特約をつけたほうが無難と言えます。

チェックしておきたい保険特約

家賃損失補償特約

建物の復旧期間内に発生した家賃の損失に対する補償

建物賠償責任担保特約

建物の所有、管理に起因する偶然事故によって、法律上の損害賠償責任を負担されることにより、支払うべき損害賠償を補償

> 火災保険の加入の際には、特約のチェックを忘れずに。大きなコストではないので加入しておいた方が無難

3-9 最大のリスクは「空室リスク」

全てのリスクを減らす、3つの対処法

これまで不動産投資に関わる7つのリスクを見てきましたが、このなかで不動産投資をする人が、**まず気をつけなければならないリスクを1つ挙げて欲しい**といわれれば、私は「空室リスク」を挙げます。

理由は簡単です。入居者がいなければ、そもそも利益の源泉である家賃収入が得られないからです。

「空室リスク」への対処法として、私は3つの方法を紹介しました。

①購入戦略をきちんと立てる
②不動産管理会社を選定する
③建物や設備を充実させる

実をいうと基本的には、この3つの対策法がきちんと行われていれば、他のリスクへもある程度対処できてしまうのです。

3つの対処法のために必要な、2つのスキル

ただし、これら3つを行うためには、2つのスキルが必要になります。1つは、リーダーシップ。もう1つは、マネジメントシップです。この2つを身につけることによって、不動産投資のリスクは大部分で軽減することができます。

リーダーシップとは、「方向性を示すこと」です。主に購入戦略をつくるときに必要になります。投資方針はどうするのか、どのような物件を必要とするのか、資金調達はどうするのか、収支計画はどうかなど、これからスタートする自分の不動産投資の全体像、アウトラインを描くときに必要な能力です。このリーダーシップをうまく発揮することができなければ、

海千山千のベテラン不動産会社に利用されてしまうということもあります。毅然とした態度で交渉をするためにもリーダーシップを養う必要があります。

マネジメントシップとは、「人材を適材適所に配置し、活用する」ということです。主に不動産管理会社を活用する際に必要な能力です。本業があるサラリーマンは、物件の管理をすることは時間の関係から難しい人が多いと思います。そこで管理は管理会社に任せることになりますが、丸投げでは彼らも動きません。こちらから積極的にアプローチして、彼らの専門知識を引き出すつもりでお付き合いするのがいいと思います。管理会社からはあなたに担当が付きます。この担当には強みと弱みが必ずあります。客付け（入居者募集）に強みを持つ担当、リフォーム会社の人脈が豊富な担当などそれぞれ強みがあるので、よい担当者を見つけてうまく付き合うことが大切です。

不動産投資におけるリーダーシップとマネジメント

3つのリスク対処法

購入戦略をきちんと立てる
不動産管理会社を選定する
建物や設備を充実させる

2つのスキルが必要

リーダーシップ（方向性を示す）
- 購入戦略の決定
- 投資方針の決定
- 資金調達の方法
- 不動産会社との交渉
- 物件選定
- 購入の決断
- など

＋

マネジメント（人材を適材適所で活用する）
- 管理会社の担当者の強み、弱みの把握
- 管理会社の強みを引き出すマネジメント

Column

格安の競売物件で不動産投資

　不動産投資は多額の資金が必要になるため、金融機関の融資を前提に投資を考えなければいけないというデメリットがある、ということはお話ししました。

　そのデメリットをなくすためにはどうすればいいのでしょうか？　ローンを使わずに現金で購入できれば、いいわけです。そこで注目を浴びているのが、競売物件になります。競売物件とは、借金を返せなくなった人が借金の担保として競売にかけている物件のことをいいます。競売は入札制度で行われるために、必ずしも安い金額で買えるという保証はどこにもありませんが、落札できれば、通常よりも安い金額で競売物件を購入することができます。

　競売物件を中心に投資している投資家の場合、アパートやマンションなどの部屋数が多い不動産を競売で落札するというよりも、中古戸建を落札し、リフォームした後に、他人に貸し出すという方法が主流のようです。

　地方の戸建物件の中には1件当たり200万円から300万円の掘り出し物の物件もあったりするので、落札が成功すればとてもいい買い物になります。とはいえ、主流は1000万円ぐらいです。競売でローンを利用するのは難しいので、やはり手元にある程度の現金がないとなかなか落札できないのも事実です。

　競売物件に投資をしているある投資家は、最初の資金を株式投資で稼いだといいました。競売物件を1000万円で落札し、月に10万円で他人に貸しているといいます。もう一人のある投資家は、最初の資金をネットオークションで稼いだといいます。今では複数件競売物件を所有しており、その家賃収入でリタイアをしたと言っていました。競売物件の情報は、裁判所のホームページ「不動産競売物件情報サイト」(http://bit.sikkou.jp/)で調べられます。競売物件は、通常の不動産売買と異なり、建物内部を見ることができなかったり、物件に何らかの欠陥があっても売却の取り消しができないなどの制約があるので、現地調査を欠かさず行うことが必要です。

第4章

不動産投資の準備をする

　いよいよ不動産投資のための準備をすることにします。まずはその前に業界の慣習や知識の習得をする必要があります。業界の慣習や知識を習得することによって、せっかく資産を持ったのにも関わらず、収入が得られず成功できないような不動産を選ばずにすむからです。この章に書かれていることを習得するだけで、物件を見る目はかなり養われるはずです。

4-1 不動産投資は購入戦略で9割決まる

収支シミュレーションをしておく

　これまで述べてきたように、不動産投資は購入時で収益の9割が決まるという投資です。失敗するのも、成功するのも購入時でほぼ決まってしまいます。実際に購入する段階になって、「知らなかった！」ではもう遅いのです。

　しかし、備えあれば憂いなし。入念な準備をしておけば不動産投資を成功に導くことができます。では、具体的にどんな準備をしておくべきなのでしょうか？　ひと言でいえば、収支シミュレーションをしておくということです。自分が欲しいと思っている物件を購入したときにきちんと利益が残るのかどうかをあらかじめシミュレーションしておきます。

　収支シミュレーションというと難しく聞こえますが、毎月の家賃収入からローン返済分と諸経費（税金なども含む）を引いた残りを計算し、手元に残る金額が十分な金額かどうか、エクセルなどの表計算ソフトを活用してつくります。基本的なつくり方は、「お小遣い帳」となんら変わりません。安心してください。

　この収支シミュレーション表をつくるために必要になるのが、「知識習得」です。業界の慣行上、気をつけなければいけない出費やリフォームなどの出費は不動産オーナーにならなければ、なかなか実感ができません。そもそも不動産業界というのは、売買は相対取引が中心で信用がモノを言う古い業界です。

　これから不動産投資をスタートしようという人が購入時に失敗してしまうのが、まさにこの部分です。販売図面に書かれている利回りを鵜呑みにして収益をざっくり出して、うまくいくと思って購入したところ思わぬ出費がたくさん出てきて、ほとんど手元に利益が残らないというケースです。

まずは自分の得意な物件を決めておく

　収支シミュレーションをつくると同時に考えていただきたいことがあります。それは、どのような物件に投資をするかということです。これから読者の皆さんは、いろいろな物件を見られると思いますが、**自分はどんな物件が好きなのか、仮に購入できなくてもデータはきちんと取っておくべき**だと思います。

　たとえば、ノートなどに「首都圏の○○駅から徒歩10分築15年のRC構造のマンション、1億円、利回りは7.45％」と気になった物件の情報を書いておきます。

　こうした物件情報が自分のなかに蓄積されてくると、エリアごとに相場観というのが養われてきます。この相場観というのがとても大事で、現地調査のときにも役に立ちますし、不動産会社から物件情報が流れて来たときに、即座に判断することができます。詳細は後ほど紹介しますが、優良物件であればあるほど即決力を求められるのです。相場観がなければまず対応をすることが難しいです。

収支シミュレーションで相場観を養う

物件の収支シミュレーションを繰り返すことで、相場観が養われてくる。

4-2 不動産業界特有のコスト意識を学ぶ

不動産仲介業とは

　不動産業界は古い体質だと先ほど申し上げましたが、1つには特殊なコスト構造があるからです。そのコスト構造を理解しないと、収支シミュレーションが大きく狂ってきてしまうのです。

　ある事例を使って不動産業界特有のコスト構造を紹介しましょう。どんな小さな町にも不動産屋さんがあると思います。しかしながら、いつも何をやっているかわからないのに、なぜか潰れずにいつまでも残っている。なぜ潰れないのでしょうか？　それは、彼らが仲介業だけでなく賃貸管理を営んでいるからです。通常、宅地建物取引業の登録をしている不動産業者は、業者として認定されると、物件売買を仲介する際に、買い手、売り手の双方からそれぞれ3％の売買手数料をもらうことができます。たとえば、5000万円の土地の売り手側の仲介を専属で取り扱うことができれば、約150万円の収入になるのです。売りと買いを1人で行うことができれば、6％の儲け。つまり、約300万円を手にすることができるのです。ただしオイシイ仲介案件はそんなにないので多くの不動産会社は賃貸管理を行っているのです。

賃貸仲介も同じ業界慣行

　実は同じようなことが、売買仲介だけでなく、賃貸仲介でも行われています。ある物件の賃貸仲介を不動産会社が行う場合、オーナーは家賃の1カ月分を仲介してくれた不動産会社に支払う必要があります。不動産会社はオーナーから家賃を受け取るだけではなく、入居者からも家賃の1カ月分を取っています。

　しかし、宅建業法で賃貸仲介は入居者とオーナーから家賃の1カ月分以上は取ってはいけないという規定があります。そこで広告宣伝費として家

賃○カ月分の手数料を要求するようになったのです。**不動産会社が顧客に物件を紹介する際、広告宣伝費として家賃2カ月分、3カ月分と積んでくれたオーナーの物件を積極的にアピールするのは人情でしょう。**実際には地方の物件では、家賃10カ月分の広告宣伝費を要求してくるところもあるのです。

　空室率が高ければ、仲介手数料を多くして入居希望者に積極的にアピールしてもらうことも必要になります。そうした業界の慣習を理解せずに不動産会社に動いてもらおうと思っても不可能です。なので、入居者募集には広告宣伝費があらかじめかかるということを見越して収支シミュレーションを立てる必要があります。

広告宣伝費とは

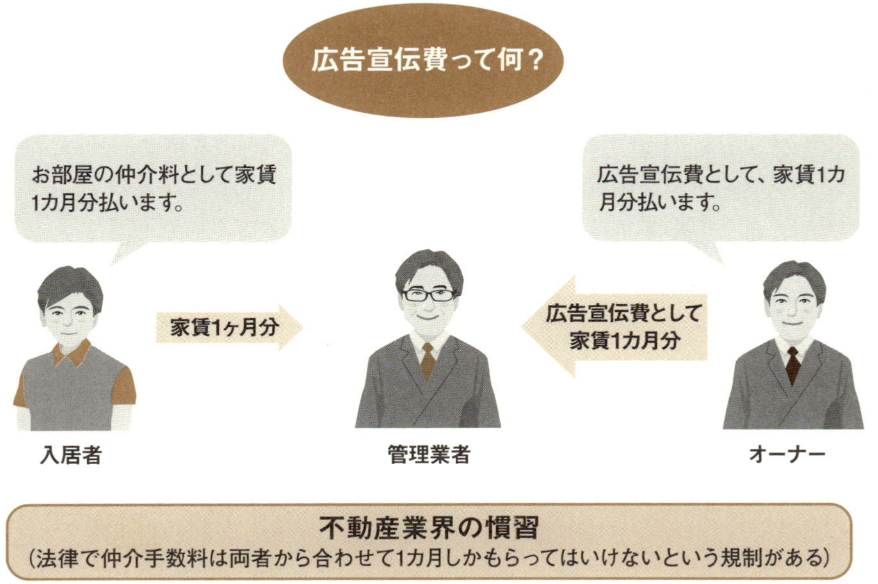

広告宣伝費って何？

入居者：お部屋の仲介料として家賃1カ月分払います。

オーナー：広告宣伝費として、家賃1カ月分払います。

入居者 →（家賃1ヶ月分）→ 管理業者 ←（広告宣伝費として家賃1カ月分）← オーナー

不動産業界の慣習
（法律で仲介手数料は両者から合わせて1カ月しかもらってはいけないという規制がある）

4-3 購入時にかかる「自己資金」

自己資金の中身を良く知っておこう

　よく、不動産投資をスタートするときに「物件の購入価格の3～4割は自己資金を用意しろ」ということを諸先輩方からアドバイスされるかもしれません。たとえば、購入したいと考える物件が仮に1億円だとしましょう。すると自己資金は3000万円～4000万円になるということです。

　ところで、この自己資金3～4割というのはどういう根拠に基づいているのでしょうか。自己資金は、大きく分けて2つに分けられます。1つは「頭金」。もう1つは「購入時諸経費」です。

　頭金は物件購入に当てるお金のことです。この頭金が多ければ多いほど、あなたの資産は増えているはずなので、融資金額も必然的に多くなります。

　仮にあなたの属性が低かったり、不動産の担保価値があまりなかったりすれば銀行から頭金として入れて欲しいと言われることもあります。

　もちろん、すべての物件に頭金が必要なのかというとそういうことでもありません。不動産によっては購入価格と同額の融資を引き出すことができる場合もあります。これを「**フルローン**」と言います。また、オーバーローンとは物件価格以上に諸費用分もローンとして引き出すことです。頭金は必要ありません。ただし、オーバーローンが可能である物件であっても、頭金は用意しないよりも、用意をしておいたほうが何かと便利です。

頭金が多いという意味

　現金が多いということはあなたの資産評価も高くなり、融資が通りやすくなる条件にもなります。またいざというときに、手元に現金があるのとないのでは、安心感がまるで違います。**備えあれば憂いなしということで、頭金はできるだけ用意しておいたほうがいいでしょう。**もし、頭金を使う必要がなければ、使わずにキャッシュとして手元に置いておけば安心です。

4-3 購入時にかかる「自己資金」

そのうち購入したい物件のなかに必ず頭金が必要な物件が出てきます。その将来のためにお金を残しておくというのも賢い戦略の1つです。

では、一体いくら頭金を用意すればいいのでしょうか？ 通常の場合、購入したい不動産価格の2～3割程度用意しておけば大丈夫でしょう。購入したい不動産がよくわからないという場合は、とりあえず300万円を目安に頭金を貯蓄してみてはいかがでしょうか。

自己資金における頭金と購入時諸経費の割合

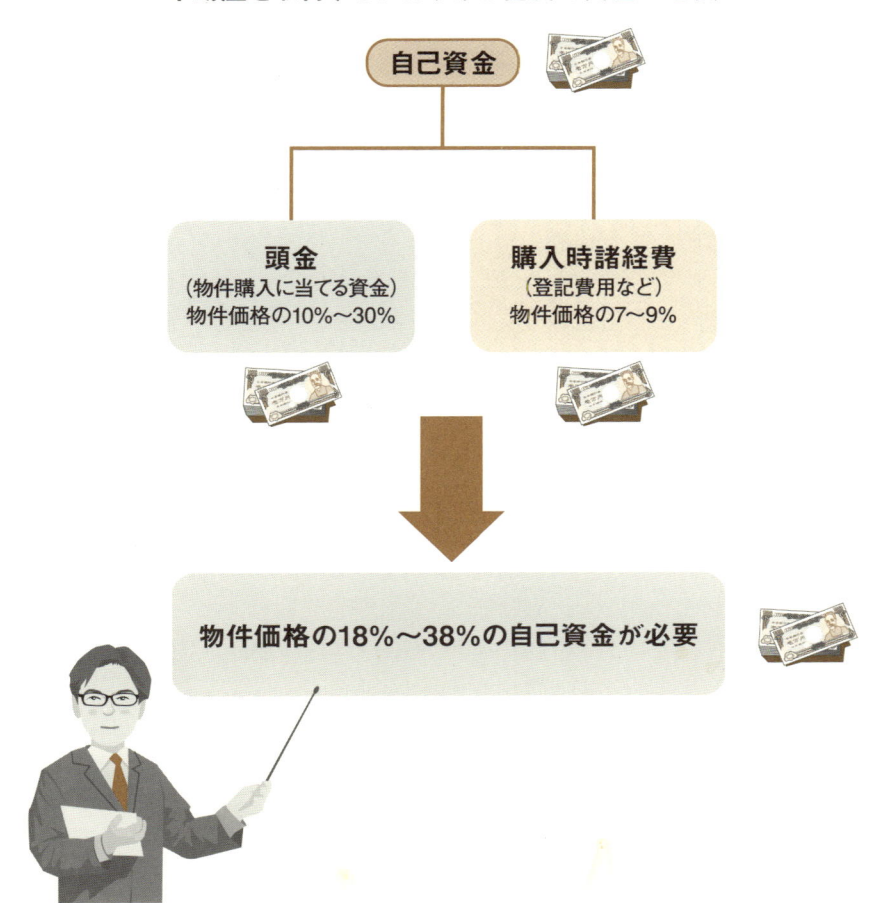

不動産を取得するには、ある程度の資金が必要

```
         自己資金
         ┌──┴──┐
      頭金        購入時諸経費
(物件購入に当てる資金)  (登記費用など)
 物件価格の10%～30%   物件価格の7～9%
```

↓

物件価格の18%～38%の自己資金が必要

4-4 頭金以外に購入時にかかるお金

不動産投資の初期コスト

不動産購入には多額の**イニシャルコスト（初期費用）**が必要です。多くの人は不動産の購入価格に目を奪われてしまうのですが、自分で用意をする頭金以外にかかる初期費用もたくさんあるので、ここで紹介します。

頭金以外にかかる初期費用は総称して「**購入時諸経費**」と言います。購入時諸経費には、大きく分けて次の7つの経費が含まれています。

① 仲介手数料
② 銀行事務手数料
③ 登記費用
④ 不動産取得税
⑤ 印紙税
⑥ 固定資産税・都市計画税
⑦ 火災保険

購入時諸経費はだいたい物件価格の7〜9％ぐらいと言われています。

それぞれ説明していきましょう。

①**仲介手数料**は、前述した売買したときに不動産会社に支払う手数料のことです。売買手数料は「購入価格の3％＋6万円×消費税」（購入価格が400万円以上の場合）なので5000万円の物件を購入すれば不動産会社に163万8000円払うことになります。

②**銀行事務手数料**は、融資を受ける際に銀行に支払う事務手続きの手数料です。この金額は銀行によってさまざまです。融資額の○％を取るところもあれば、一律いくらというところもあります。

③**登記費用**とは、登記に関わる費用です。不動産を購入したら所有権を売主から買主へ移転する必要があります。そのことを登記といいますが、登記手続きは通常司法書士が行います。司法書士によって手数料が変わります。また、登記には**登録免許税**という税金がかかります。購入した物件の所在する市町村が決めた「**固定資産税評価額**」に対して土地に1.5％と建物に2％となっています。

④**不動産取得税**は、不動産購入半年後をメドに物件の所在する都道府県から納付書が送付されるので、そのときに支払います。「固定資産税評価額」の4％に上るので注意しましょう。

⑤**印紙税**とは、**不動産売買契約書**に貼付する**収入印紙代**のことです。

⑥**固定資産税・都市計画税**とは、その年の1月1日時点で保有している不動産に毎年かかる税金です。不動産購入時の決済日に売主と買主がそれぞれ固定資産税・都市計画税を清算します。

⑦**火災保険**とは、地震や火災が起きた際に支払われる保険料です。掛け金は保険会社によって異なります。

イニシャルコストの計算ではこれらの諸経費を含めるのを忘れないようにしましょう。なお、これらの購入時諸経費は、フルローンで融資を引くことができたとしても、別途用意する必要があるので注意が必要です。

不動産購入時にかかる7つの主なコスト

購入時の諸経費内訳	
仲介手数料	売買価格の3％＋6万円＋消費税（400万円以上の物件の場合）
銀行事務手数料	銀行によって様々
登記費用	・司法書士登記手数料 ・登録免許税　固定資産税評価額の1.5％（平成27年3月31日までの時限立法）
不動産取得税	3〜6ヶ月後に別途支払い　固定資産税評価額の4％
印紙代（印紙税） ・不動産売買契約書 ・金銭消費貸借契約書 ・領収書	売買代金によって異なる 例）（5000万円以上〜1億円以下）＝45,000円 　　（1000万円超〜5000万円以下）＝15,000円
固定資産税 都市計画税の精算金	決済日を境にその年の固定資産税・都市計画税を日割り計算して売主・買主それぞれが払う固都税を清算する
火災保険料	保険会社や設定条件によって様々
合計	物件価格の7〜9％

4-5 不動産投資のランニングコスト

不動産投資のランニングコスト

不動産投資には**ランニングコスト（運用費用）**がかかります。大きく分けて5つのランニングコストがあります。それぞれ説明していきましょう。

①固定資産税

土地や建物に対して課される税金のことを言います。築10年の中古RCの建物の評価額が3000万円だった場合、**都市計画税**は、市街化区域内（すでに市街地を形成している区域、また10年以内に優先的、計画的に市街化を図るべき区域のこと）の土地や建物に対して課される税金のことになります。固定資産税と都市計画税は、物件が所在する市町村の固定資産税評価額をもとに毎年算出され、その物件が所在する市町村から納税通知が送付されるので、一括納付か年4回に分けて支払います。税率は物件の購入価格に対して1.4%掛けて算出します。ちなみに都市計画税は原則、固定資産税評価額に0.3%掛けで算出します。

②修繕費

1棟所有の場合、**修繕費**は自分であらかじめ確保しておきます。修繕費の内訳は内外装のリフォームや給排水設備の故障箇所の修理、給湯器設備の交換などになります。一方、区分所有（物件の全てではなく、マンションの1部屋など、部分的に所有すること）マンションを購入した場合は、管理組合への**修繕積立金**が発生します。これは定期的に行われる修繕工事にかかる費用を積み立てる積立金になります。

③管理委託手数料（清掃費、広告宣伝費）

管理委託手数料とは、入居者に対する管理（入居者募集や家賃の集金など）と建物に対する管理（共用部分の清掃など）にかかる費用のことをいいます。管理会社にもよりますが家賃の5%前後が相場になります。清掃

委託費は家賃の1〜3％が相場になります。広告宣伝費は家賃の1カ月分が一般的な相場です。

④共用部経費

外灯の電気代や共用の水道代などに支払う経費です。区分所有の場合は、管理費という形で管理組合に支払います。

⑤その他の経費

その他の経費は植木の剪定費用、エレベーターの点検費用、消防設備点検費用、ポンプ点検費用、貯水槽タンク清掃費用などです。区分所有の場合は管理費という形で管理組合に支払います。

これらのランニングコストを収支シミュレーションに加えて、きちんと収益が上がるかどうかを確認することが重要です。

不動産の保有、運営時にかかる5つの主なコスト

不動産の保有・運営時にかかる経費	
固定資産税 都市計画税	土地建物などを所有している人に課される税金。毎年かかる
修繕費	内外装リフォーム、故障箇所の修理、設備の交換など
管理委託費 清掃費 広告宣伝費	・アパートの管理会社（アパマン・ミニミニ・エイブルなど）への管理委託費用（入居者探し、審査契約事務、クレーム対応、退去時立会・精算など） 　→家賃月収の5％前後 ・清掃委託費→家賃の1〜3％ ・客付け業者への広告宣伝費（入居者を決めてくれた業者に支払う） 　→家賃の一カ月分程度。一般的には礼金を当てる
共用部経費	共用部の外灯電気代、共用水道代など
その他	植木の剪定費用、エレベーターの点検費用、消防設備点検費用、ポンプ点検費用、貯水槽タンク清掃費用など

4-6 不動産所得の算出方法

不動産所得を計算しよう

ここまで読んできた読者の皆さんは、そろそろ「不動産投資でどのくらい儲かるのか？」ということを知りたいと思うかもしれません。そこで、本書の冒頭でも紹介した不動産所得の話をします。不動産所得は、「家賃収入（不動産収入）」から必要経費を引いたもので求められます。

　　不動産所得＝家賃収入－必要経費

不動産所得には、税金がかかります。所得税と住民税ですが、所得税は所得金額に応じて税率が高くなる**超過累進税率**が適用されます。そのため必要経費を多くすることで、節税することができます。ここまでは 2-4 でお話しした通りです。ところでこの必要経費ですが、2-4 で紹介した通りに 11 個の項目を必要経費に算入することができます。

なかでも不動産所得を算出する上で、重要な必要経費となるのが⑤と⑥の項目になります。

減価償却費の概念

項目の⑤**減価償却費**は、難しい会計処理の概念ですが、ひと言でいうならば物件が経年劣化する分を経費として毎年計上することができる費用のことです。1 年で一気に必要経費に計上できない資産は、法律で決められており、資産によって何年で計上できるかというのも定められています。ですので、その法律の定めに従って、減価償却費を計上する必要があります。

不動産投資の減価償却費は、土地は経年劣化しないので「建物」のみ償却対象となりますが、実際の支出をともなわない必要経費として重宝されており、

節税になるので実質キャッシュフローを向上させる秘訣になりうるのです。詳しくは 4-7 で解説します。

項目の⑥賃貸開始後に支払った住宅建築・購入時の借入金の利息は月々のローン返済額のうち、利息に当たる部分は経費とすることができるという意味です。ただし、返済額のうち元本に当たる部分は必要経費として認めてもらえないので注意しましょう。

不動産所得の算出方法

不動産所得 ＝ 家賃収入 － 必要経費

①賃貸用不動産（土地・建物）に課される固定資産税・都市計画税
②修繕費（資本的支出に該当するものは資産として計上）
③損害保険料（火災保険料など掛け捨てのものでその年分のみ）
④管理会社などに支払う管理委託手数料
⑤減価償却費
⑥賃貸開始後に支払った住宅建築・購入時の借入金の利息
⑦共用部分の電気代、水道代
⑧入居者募集のための広告宣伝費
⑨税理士などへの報酬
⑩立退料
⑪その他不動産賃貸業にかかった経費

4-7 不動産投資の減価償却費

減価償却費とは何か？

　現金の支出をともなわない必要経費「**減価償却費**」。現金の支出をともなわない必要経費って何だろうと不思議に思っている方も多いでしょう。この必要経費を理解するには、もう少し説明が必要だと思いますので、この節で詳しく説明をします。

　事業などの業務のために用いられる建物、建物附属設備、機械装置、器具備品、自動車など車両運搬具といった資産は、一般的には時の経過などによってその価値が減っていきます。このような資産を「**減価償却資産**」と言います。ただし、土地や骨とう品などのように時の経過により価値が減少しない資産は、「減価償却資産」ではありません。減価償却資産は、建物や車などの大きなものだけではなくて、実はパソコンなども減価償却資産として考えられています。

　減価償却資産を購入するときにかかったお金は、購入したときに全額必要経費になるのではなく、その資産の使用可能期間の全期間にわたり分割して必要経費としていくとされています。この使用可能期間に当たるものとして法定耐用年数が財務省令の別表＊に定められています。つまり、減価償却とは、減価償却資産の取得に要した金額を一定の方法によって各年分の必要経費として配分していく手続です。

減価償却費の計算法

　たとえば、RC構造の新築の法定耐用年数は47年。木造の新築は22年などと構造や新築か中古によって法定耐用年数が定められています。そして、建物の場合は、法定耐用年数に応じた減価償却率を掛けることで算出されます。その減価償却率ですが、平成10年4月1日以後に取得した建

＊ http://law.e-gov.go.jp/htmldata/S40/S40F03401000015.html

4-7 不動産投資の減価償却費

物の償却方法は、旧定額法または定額法のみが適用されるので、定額法の減価償却率を掛けるようにします。ちなみに設備は旧定率法または定率法が適用されるので、定率法の減価償却率を掛けるようにした方がより大きな節税が可能です。

具体的な例を挙げて考えてみましょう。仮にここに不動産価格が1億円の新築木造アパートがあったとしましょう。この1億円の不動産価格のうち、「建物にあたる部分」が減価償却資産となります。仮にアパートの建物にあたる部分が7000万円、土地が3000万円だとしたら、次のような計算式が成り立ちます。

7000万円×4.6%（木造法定耐用年数22年に応じた減価償却率）＝322万円

つまり、322万円が1年間に必要経費として計上できる金額になるということになります。

なお、土地と建物の金額は**固定資産税評価証明書**という都税事務所や市区町村役場が発行する証明書に記載されていますが、物件購入前は見ることができません。不動産会社に聞きましょう。

不動産の減価償却とは？

建物は老朽化することによって価値が下落する。その下落した分を毎年経費として計上する。

土地は老朽化しないので減価償却できない！

不動産販売価格 1億円
- 建物 7000万円
- 土地 3000万円

例）新築木造の減価償却費
建物価格7000万円×4.6%（木造法定耐用年数22年に応じた償却率）＝322万円
これが一年間に経費として計上できる

4-8 中古物件の耐用年数の計算方法

中古不動産物件の耐用年数とは？

　中古物件の耐用年数は、法定耐用年数ではなく、その中古物件を賃貸事業として貸し出したときの使用可能期間を、年数として計算します。

　ただし、その中古物件を購入した金額がその中古物件の再取得価格(中古物件と同じ新品のものを取得する場合のその取得価格)の50％に相当する金額を超える場合には、耐用年数の見積りをすることはできず、法定耐用年数を適用することになります。

　また、使用可能期間の見積りが困難であるときは、次の簡便法により算定した年数になります。

　ただし、その中古物件を事業の用に供するために支出した資本的支出の金額がその中古物件の取得価格の50％に相当する金額を超える場合には、簡便法により使用可能期間を算出することはできません。気をつけましょう。簡便法の計算式は次の通りです。

①法定耐用年数の全部を経過した資産

　その法定耐用年数の20％に相当する年数

　法定耐用年数 × 0.2

②法定耐用年数の一部を経過した資産

　その法定耐用年数から経過した年数を差し引いた年数に経過年数の20％に相当する年数を加えた年数

　法定耐用年数 − 経過した年数 + 経過年数 × 0.2

　なお、これらの計算により算出した年数に1年未満の端数があるときは、その端数を切り捨て、その年数が2年に満たない場合には2年とします。

　また、中古物件の耐用年数の算定は、その中古物件を事業のために使った事業年度においてすることができるものですから、その事業年度におい

て耐用年数の算定をしなかったときは、その後の事業年度において耐用年数の算定をすることはできません。

計算例

経過年数が10年経っている鉄骨鉄筋コンクリート造（RC造）のマンションの場合の簡便法の見積年数は次の通りになります。

①法定耐用年数から経過した年数を差し引いた年数

47年－10年＝37年

②経過年数10年の20％に相当する年数

10年 ×20％＝2年

③耐用年数

37年＋2年＝39年

耐用年数を過ぎた物件は、建物の評価額を法定耐用年数よりも少ない年数で減価償却できるのです。そのため、1年当たりの減価償却費が大きくなるため節税効果が見込めるとされています。

中古物件の耐用年数の計算方法

簡便法で計算する

計算例

経過年数が10年経っている鉄骨鉄筋コンクリート造（RC造）のマンションの場合

計算

①法定耐用年数から経過した年数を差し引いた年数
　47年－10年＝37年

②経過年数10年の20％に相当する年数
　10年×20％＝2年

③耐用年数
　37年＋2年＝39年

4-9 年間のキャッシュフローを計算する

不動産投資はキャッシュフローがいくら残るかが重要

　費用の話をここまで進めできたので、ここで最終的に不動産投資によって得られる収入がいくらになるのか計算をしてみましょう。この収入のことを難しい言葉で**キャッシュフロー**といいます。日本語に訳すと「お金の流れ」ですが、お金の流れが悪くなると、補填をしなければなりません。せっかく不動産という資産を持ったわけですから、給料とは別に収入を生み出してくれなければ意味がありません。それを判断するためにこのキャッシュフロー計算を行うのです。多くの投資家は、この不動産投資のキャッシュフローの計算をしっかりしていないので、失敗をしてしまうのです。ただし、難しい計算式を用いて計算するのではなく、使用する計算式は「足し算」と「引き算」だけなので、とても簡単です。

　キャッシュフロー計算式もとても簡単で次のようになります。

①年間キャッシュフロー＝年間家賃収入－年間必要経費－年間ローン返済額
②不動産所得＝年間家賃収入－年間必要経費－減価償却費
③所得合計＝給与所得＋不動産所得
④還付金＝給与所得の所得税と住民税の算出と所得合計の所得税と住民税の算出
⑤①＋④＝最終キャッシュフロー

計算は5段階に分けて計算する

　計算は5つの段階に分けて進めていきます。

4-9 年間のキャッシュフローを計算する

① 年間キャッシュフローを計算します
② 不動産によって得られる不動産所得を計算します
③ 給与所得と不動産所得を計算して、所得の合計を計算します
④ 給与所得と所得合計の所得税、住民税を算出し、還付金を計算します
⑤ 年間キャッシュフローと還付金を足して、最終キャッシュフローを出します

不動産投資でうまく利益を上げるためには、①年間キャッシュフローをいかに多くするかということが重要になります。

まずは①年間キャッシュフローから計算していきましょう。家賃収入を計算するときには、空室率が何パーセントかを設定しましょう。まずは空室率ゼロ、稼働率100％で計算します。計算式は家賃×部屋数で計算します。そのあとは、稼働率90％、80％、70％のときの家賃収入も計算しておきましょう。

家賃収入が計算できたら、次はそこから必要経費を引きます。必要経費は、委託管理手数料と修繕費、広告宣伝費、その他経費です（詳しくは4-6を参照してください）。これらから固定資産税と都市計画税、ローン返済額を引けば、手元にいくら残るのかがわかります。実質的な家賃収入を求めることができます。

次に②不動産投資によって得られる不動産所得を計算します。

②不動産所得は、年間家賃収入から「減価償却費」と「必要経費」を引いたものです。減価償却費は実質的に支出をともなっていない費用で、減価償却費分の現金は手元に残っています。つまり、帳簿上は②不動産所得は減るわけですが、減価償却費が多ければ多いほど、手元の現金は増えている、ということになります。

続いて③給与所得と不動産所得の計算です。サラリーマンとしての給料所得と不動産所得を合計します。給与所得は前年度の源泉徴収票を参考にするなどしてください。

4-9 年間のキャッシュフローを計算する

④は給与所得と不動産所得の税金を計算します。この際、不動産所得が減価償却費など必要経費によって、マイナスになっていれば給与所得と損益通算ができます。そして、税金を払いすぎている場合には、還付金として源泉徴収によって支払った税金が確定申告によって還付されます。もちろん、払いすぎていない場合には還付されません。

⑤その還付金と年間キャッシュフローを合算したものが、最終キャッシュフローになります。

キャッシュフロー、不動産所得の計算方法

①年間キャッシュフロー＝年間家賃収入－年間必要経費－年間ローン返済額

↓

②不動産所得＝年間キャッシュフロー－減価償却費－年間必要経費

↓

③所得合計＝給与所得＋不動産所得

↓

④還付金＝給与所得の所得税・住民税－ 所得合計の所得税・住民税

↓

⑤最終キャッシュフロー＝①＋④

一気に計算するのではなく、5つの段階で計算をする

4-10 収支表をエクセルでつくってみよう①
― 年間キャッシュフロー ―

表計算ソフトでつくっておけば便利

　手書きで電卓を叩きながらキャッシュフローを計算してもいいのですが、パソコンを持っていて、マイクロソフト社のエクセルが使える状態であれば、エクセルで不動産投資収支表をつくってみてもいいかもしれません。不動産投資収支表をデータで作成しておけば、気になった物件の金額を打ち込むだけで収支シミュレーションをすぐに行うことができます。

　物件ごとに収支シミュレーションを行うことで、相場観が養われ、物件を見る目も厳しくなってきます。そして収入が得られる不動産を購入することに成功することができるのです。

　では、具体的なつくり方を紹介していきましょう。つくり方はとても簡単です。前節のキャッシュフローを算出する計算式を参考にしてください。

①年間キャッシュフローを計算します
②不動産によって得られる不動産所得を計算します
③給与所得と不動産所得を計算して、所得の合計を計算します
④給与所得と所得合計の所得税、住民税を算出し、還付金を計算します
⑤年間キャッシュフローと還付金を足して、最終キャッシュフローの合計を出します

　計算は5つの段階に分けて進めると言いました。それぞれ項目を分けてエクセルに記入しましょう。
　たとえば、以下のような物件の収支シミュレー

4-10 収支表をエクセルでつくってみよう① ― 年間キャッシュフロー ―

物件 A

物件データ

物件価格	1億円
部屋数	10室
空室数	2室
構造	RC造
築年数	新築

収支データ

収入（年間家賃収入）	
年間家賃	400万円
支出（年間必要経費）	
年間借入金返済	200万円
支払い利息	70万円
固定資産税・都市計画税（年間）	14万円
年間管理委託手数料	20万円
清掃代（年間）	6万円
共用部分電気代（年間）	6万円
エレベーター保守費用（年間）	5万円
修繕費（年間）	12万円
広告宣伝費（年間）	30万円

その他データ

オーナーの給与所得	700万円

※数値は計算しやすいように単純化しています。

年間キャッシュフローの計算

「年間家賃収入」の金額から「年間必要経費」の金額を引くことができるようにエクセルをつくります。活用する数式は「オートSUM」だけで結構です。年間家賃収入は収入ごとの項目で合計を出し、年間必要経費は経費ごとの項目で合計を出します。それらの収入合計から経費合計を引いて年間キャッシュフローを算出します。

4-10 収支表をエクセルでつくってみよう① — 年間キャッシュフロー —

年間収入をエクセルで計算する

	A	B	C
1			
2			
3		家賃収入（居住）	4,000,000
4		家賃収入（店舗）	0
5		共益費収入	0
6		駐車場収入	0
7		収入合計	4,000,000
8		入居率	80%
9		入居率修正後収入合計	3,200,000

「=SUM（C3：C6）」という数式を入力

「=（C7＊C8）」という数式を入力

A 年間収入合計

収入合計は、家賃収入（居住）、家賃収入（店舗）、共益費収入、駐車場収入などの費用を「オートSUM」を使って合計します。今回は家賃収入以外の収入がない物件なので、家賃収入の400万円以外は0となります。セルに入力する数式は「＝SUM（C3：C6）」となります。

B 入居率修正後収入合計

次に入居率を収入合計に掛けて、入居率修正後収入合計を算出します。今回は10室のうち、空室が2つ、つまり入居率が80％の想定で計算します。数式は「＝C7＊C8」で320万円と計算できます。

入居率が90％の場合、80％の場合、70％の場合の3パターンぐらいをつくり、最終的に自分の手元にいくらお金が残るのかをシミュレーションしておきましょう。

4-10 収支表をエクセルでつくってみよう① ― 年間キャッシュフロー

年間支出とキャッシュフローをエクセルで計算する

	A	B	C
1			
2			
3		借入返済金	2,000,000
4		固定資産・都市計画税	140,000
5		管理委託費	200,000
6		清掃代	60,000
7		広告宣伝費	300,000
8		修繕費	120,000
9		供用部分電気代金	60,000
10		支出合計	2,880,000
11		年間キャッシュフロー	320,000

「=SUM（C3：C9）」という数式を入力

「=P91のC9に当たるセル−C10」という数式を入力

A 年間支出合計

　収入合計と同様に支出合計も算出します。これも図のようにオートSUMの機能で計算することができます。

　支出合計は288万円となりました。

B 年間キャッシュフロー

　そして、年間キャッシュフローのセルをつくり、収入合計のセルから支出合計のセルを引く数式を入力します。図版内ではわかりやすいよう、年間収入の計算、年間支出の計算を別のシートに分けて計算していますが、通常は同じシートにつくるので、その場合はP91のC9に当たるセルから、支出合計を引くことになります。計算の結果、32万円となり、この物件の年間キャッシュフローが32万円であると算出できました。

4-11 収支表をエクセルでつくってみよう②
－不動産所得－

不動産所得を計算する

前節までで、年間キャッシュフローは計算できました。次に不動産所得を計算します。不動産所得は、年間家賃収入から減価償却費と必要経費を引けばいいだけです。

不動産所得をエクセルで計算する

	A	B	C
1			
2			
3		家賃収入（入居率80%）	3,200,000
4		益金合計	3,200,000
5		減価償却費（躯体・定額法）	1,140,000
6		減価償却費（設備/定率法）	1,806,105
7		租税公課	140,000
8		支払利息	700,000
9		管理諸経費合計	740,000
10		その他経費	0
11		損金合計	4,526,105
12		不動産所得	−1,326,105

A … C3:C4
B … C5:C10
C … C11:C12

「=SUM（C5：C10）」という数式を入力

「=C4−C11」という数式を入力

A 益金合計

益金合計には、年間家賃収入（80％入居率で掛けたもの）320万円を入れます。

B 損金合計

減価償却費は建物の構造の評価金額に法定耐用年数に応じた定額法を掛けて算出します。同じように設備の評価金額に法定耐用年数に応じた定率

法を掛けます。租税公課とは、税金を必要経費計上できる科目です。不動産投資では固定資産税と都市計画税を必要経費にすることができます。支払利息はローンの利息（年間）を入れます。管理諸経費合計には、支出の項目で計算した支出合計から借入金返済費用と固定資産税、都市計画税を抜いたものを入れます（288万円[支出合計]－200万円[借入返済金]－14万円[固定資産税・都市計画税]＝74万円）。

損金合計には、「＝ SUM（C5:C10）」というオート SUM の関数を入れます。

C 不動産所得

最後に、益金合計から損金合計を引くセルをつくり、「＝ C4 － C11」という数式を入力します。このセルの計算式から、不動産所得は－132万6105円と算出できました。

所得の合計を計算する

所得の合計をエクセルで計算する

	A	B	C
1			
2			
3		不動産所得	－1,326,105
4		給与所得	7,000,000
5		所得合計	5,673,895
6		所得税	707,279
7		住民税	567,390
8		税額	1,274,669
9		還付金	399,331
10		年間キャッシュフロー	320,000
11		最終キャッシュフロー	719,331

A：「＝ C3 ＋ C4」という数式を入力
B：「＝ C5 ＊ 20％ － 427,500」という数式を入力／「＝ C5 ＊ 10％」という数式を入力
C：「＝ C9 ＋ C10」という数式を入力

A 所得合計

所得の合計を計算します。不動産所得と自分の給与所得を合計して、所得合計を計算します。入力する数式は「＝C3＋C4」です。給与所得の額は、自分の前年度の源泉徴収票などを参考に入力してみてください。

今回は物件のオーナーの年間給与所得が700万円なので、「＝－1,326,105（不動産所得）＋7,000,000（給与所得）」となります。結果は567万3895円となり、不動産所得がマイナスなので、合計することによって所得額を減らすことができました。

B 税額

次に給与所得と所得合計の所得税、住民税を算出し、還付金を計算します。所得の合計額から所得税率を計算し、住民税と合算して税金を計算します。税率の計算方法は下記の表を参照してください。

所得税の速算表

課税される所得金額	税率	控除額
195万円以下	5%	0円
195万円を超え、330万円以下	10%	97,500円
330万円を超え、695万円以下	20%	427,500円
695万円を超え、900万円以下	23%	636,000円
900万円を超え、1,800万円以下	33%	1,536,000円
1,800万円超	40%	2,796,000円

※住民税は一律、課税される所得に対して10%

Aで所得合算をした通り、所得は567万3895円になります。

所得税額を計算すると、「＝5,673,895＊20％－427500」＝70万7279円になります。これに住民税56万7390円（「＝5,673,895＊10％」）をたすと、127万4669円になります。これは、700万円の所得で計算した額と比べて39万9331円の節税となっています（167万4000円［所得で計算した税額］－127万4669円）。

なお、節税できた39万9331円は還付金として返金されます。正確な還付金の金額は税理士に計算してもらってください。ここでは概算を紹介しています。

C 最終キャッシュフロー

最後に年間キャッシュフローと還付金を足して、最終キャッシュフローの合計を出します。

事例では還付金は39万9331円ですから、最終キャッシュフローは71万9331円になります。

エクセルの数式は「＝C9＋C10」で計算します。

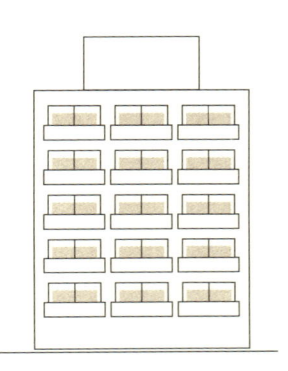

4-12 表面利回りと実質利回り

利回りには2つの種類がある

　ここまででだいたい不動産投資がどのように収益を上げるのか、なんとなくおわかりいただけたかと思います。そこで、今度は物件を判断するときの指標について詳しく紹介していきます。

　まず、不動産投資でよく目にするのが、「利回り」という指標です。「利回り」とは、ある一定のお金を投資して、それが年間で何％の利益をもたらすのかということを知るインカムゲインのための指標となります。

　たとえば、取得価格が1億円の物件の利回りが10％だったとしましょう。このときに、年間の家賃収入が1000万円であると判断できます。その理由は、以下の計算式です。

　　利回り（％）＝年間の収入÷物件取得価格×100

　利回りが高ければ高いほど、投資効率がよく、利回りが低ければ低いほど、投資効率が悪いと判断することができます。ただし、株式などの利回りと異なるのが、この利回りは空室率がゼロで稼働率が100％である状態のときの利回りであるということです。現実的にはほぼあり得ない数値なのです。また、不動産投資には「表面利回り」と「実質利回り」の2つの指標があるのです。

　「**表面利回り**」は購入時の経費や管理費、税金、ローン返済額、諸経費などを一切含めていない利回りのことをいいます。

　ただし、販売資料や広告などによく使われる指標なので覚えておきましょう。たとえば、不動産屋さんの店頭の窓ガラスに貼ってある、部屋の見取り図や物件概要が書かれた「A4」1枚のぐらいの紙「マイソク」（販売図面）には、表面利回りが掲載されています。この表面利回りには様々

4-12 表面利回りと実質利回り

なコストが含まれてないのです。

実質利回りの計算方法

一方、「**実質利回り**」は、購入時の経費や管理費、税金、諸経費などを含めた利回りのことをいいます。実質的に手元に入ってくる金額を計算するので、「実質利回り」といいます。

「実質利回り」を求める計算式は以下の通りになります。

① 家賃収入（実質）＝年間家賃収入－委託管理費用－固定資産税－都市計画税
② 物件価格（実質）＝購入費用＋購入費用の7～9％（仲介手数料、印紙税、司法書士手数料、登録免許税、不動産取得税、リフォーム費用などがあります）
③ 実質利回り（％）＝①家賃収入（実質）÷②物件価格（実質）×100

90ページの物件Aを事例に計算をしてみましょう。

① 家賃収入（実質）＝年間家賃－管理委託手数料－固定資産税＋都市計画税
① 366万円＝400万円－20万円－14万円

② 物件価格（実質）＝購入費用＋購入費用の7～9％
② 1億1000万円＝1億円＋1000万円（10％として計算）

③ 実質利回り（％）＝①家賃収入（実質）÷②物件価格（実質）×100
③ 3.32％＝①（366万円）÷②（1億1000万円）×100

ただし、実質利回りといっても、稼働率は100％の状態で計算されていますので現実的な利回りを表してはいません。稼働率が90％、80％の時のものも、計算してみましょう。

表面利回りと実質利回り

表面利回り（グロス利回り）

（年間家賃収入 ÷ 不動産の取得価格）×100

実質利回り（ネット利回り）

（年間家賃収入－保有中の経費－税金）÷取得した価格（購入諸経費含む）×100

> 表面利回りはグロス利回りともいい、実質利回りは、ネット利回りともいわれている。両方の呼称で表現されることがあるので覚えておこう

4-13 「利回り」は投資指標としてどう役立つか？

利回りに書かれている数字は架空の数字

　前述したように「利回り」という投資指標は、投資効率の高低を表しています。計算式は単純化すれば次のようになります。

表面利回り＝儲けるお金（年間家賃収入）÷使うお金（取得価格）×100

　この計算式を見ればわかるように、取得価格が高ければ、利回りは低くなり、取得価格が低ければ、利回りは高くなり投資効率がいいということです。ただし、株式などと不動産投資の利回りが性格を異にするのは、不動産投資の場合、投資効率がよければいいという問題ではないということがあるのです。

　まず利回りの大前提として、利回りに書かれている数字は現実的なものではないということを理解すべきでしょう。実際に空室があっても販売図面（マイソク）に書かれている利回りは満室想定になっています。

利回りと物件の関係

　そして、利回りがいいからといって投資効率がいいというわけではありません。

　たとえば、地方にある築古の木造物件などは、とても投資効率はいいのですが、マーケティング的な感覚からその物件を見ると、賃貸需要がないために投資をする価値が認められないというケースも多いのです。

　たとえば、最寄り駅から離れれば、離れるほど利回りが高くなるという傾向があります。また、都心から離れれば離れるほど同じように利回りが高くなるという傾向があります。これはどういうことかというと、空室の

発生が高くなったり、家賃下落の可能性が高くなったりするということなのです。

　もう1つ、利回りについて気をつけなければいけないことがあります。それは築年数が古ければ古いほど、利回りが高くなる傾向があるということです。利回りは高ければ高いほど、投資効率がいいと紹介しました。これは物件築年数に比例して取得価格が安くなるためですので、安い物件のなかには築古物件が多いというのが現状です。築古物件のなかには、それだけ修繕費がかかるリスクが大きい物件も含まれているということになります。利回りは築古物件の修繕費まで計算しているわけではありません。

　いわゆる賃貸経営が安定する優良物件は、一般的に取得価格が高い傾向にあり、利回りはあまり高くない傾向があります。そのため利回りだけを追っていると収益の上がらない不動産に投資をすることになるので気をつけなければいけません。**見るべきは利回りではなく、キャッシュフロー。手元にいくらお金が残るかということについて注意を注ぐべきなのです。**

立地や物件による利回りの違い

駅・都心からの距離と利回りの関係

- 駅徒歩5分 利回り7％
- 駅徒歩15分 利回り10％
- 渋谷から電車で5分 利回り6％
- 渋谷から電車で30分 利回り10％

都心・最寄り駅から離れるほど、利回りは高くなる
＝空室の発生、家賃下落の可能性が高くなる

築年数と利回りの関係

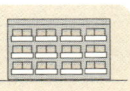

- 新築 利回り6％
- 築15年 利回り10％

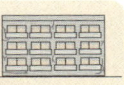

築年数が古いほど一般的に利回りは高くなる
＝修繕費が多くかかる可能性が高くなる

4-14 「ROI」を投資指標として活用する方法

ROIとは何か？

ROIとは、(Return On Investment) の頭文字を取ったもので、日本語に訳すと**投資収益率**を表します。この投資指標は「最初に出した自己資金を1年当たりでどれくらい回収できたか」を表すものとなります。投下した資本がどれだけの利益を生んだのか測る指標で、企業の収益力や投下資本の運用効率を示します。一般的に数値が高いほど、優れた投資対象であると言えます。

計算式は、以下になります。

ROIの計算式は、「利益÷投資額×100」で表されます。とてもシンプルな投資指標ですが、それを不動産投資に当てはめると少々、複雑になります。ROIは次のような計算式で表されます。

ROI（％）＝（年間家賃収入－年間ローン返済額－保有中の諸経費－税金）÷（頭金＋購入諸経費）×100

たとえば、資金と購入諸経費の合計が500万円、銀行借入2500万円を合計して3000万円の不動産を購入したところ、家賃収入から、年間ローン返済額、保有中の諸経費、税金を除いた年間キャッシュフローが250万円だった場合は次のような計算式が成り立ちます。

ROI（％）＝250万円÷500万円×100＝50％

ここから自己資金の回収期間を割り出します。
計算式は次の通りです。

自己資金の回収期間＝自己資金÷年間キャッシュフロー
2年＝500万円÷250万円

これは、投資した資金500万円を2年間で回収できるという意味です。
　ROIを理解するときに大事なことは、不動産の購入総額に対する回収割合でなく、投資した自己資金に対する回収割合であることです。
　最初に自己資金と購入諸経費として現金で3000万円投下した場合に、年間回収額が250万円だった場合は、次のような計算式が成り立ちます。

ROI（％）＝250万円÷3000万円×100＝8.3％

　銀行から融資を受けて不動産を購入することにより、最初の金額に対する回収割合は通常大きくなります。これを不動産投資の「レバレッジ効果」と言い、銀行からの借り入れ割合が大きいほど、ROIは大きくなることになります。

投資指標としてROIを活用する方法

　では、実際の投資ではROIをどのように活用すべきなのでしょうか？常に「返済」「減価償却費」「税金」をROI向上のために活用するように考えれば、キャッシュフローを向上させて、投資効率を上げることができます。
　たとえば、返済元本や利子を変えてROIを向上させます。「元金均等払い」から「元利均等払い」への変更（詳しくは7-7で説明します。）、金利を減らしてもらう、融資を受けるときに個人属性を高くして借入金を増やす、物件の評価を上げるなどがあります。
　また、減価償却費をコントロールして、ROIを向上させます。減価償却費は多ければ多いほどキャッシュフローは向上します。最後に税金を節税する方法です。青色申告制度を利用したり、会社をつくったりして、節税を検討するというのもよいでしょう。

4-14 「ROI」を投資指標として活用する方法

ROIと自己資金回収期間の算出法

ROI（%）

（年間家賃収入－年間ローン返済額－保有中の諸経費－税金）
÷（頭金＋購入諸経費）×100

自己資金の回収期間（年）

自己資金÷年間キャッシュフロー

> 常に「返済」、「減価償却費」、「税金」をROI向上のために活用するように考えよう。

NOIとは

　物件選定において、本当に見るべき指標はROIよりNOIであると私は考えています。NOIとはNet Operating Incomeの略です。不動産賃貸業にはいろいろなランニングコストがかかりますが、それらコストを実際の賃料収入から差し引いた、正味の利益ということです。つまり、物件単体の純収入という意味になります。

　物件を検討するにあたり、当初は、自己資金をどれくらいにするかもわからないし、借入金利がどのくらいになって毎月どのくらいの支出が発生するのかわからない場合があります。そういうときには、投資効率を考えるというよりも、物件単体の収益性を考えて、そこから逆算して自己資金をいくらにするか、借入金利をどのくらいにするかシミュレーションをしたほうが、物件の絞り込みがしやすいと思います。その際、NOIは物件単体の収益性の強さを表すので、ものすごく使い勝手がいい指標なのです。自己資金をいくら投下するか、ローンの年数を何年にするか、どこの銀行を使うかなど決まってない場合は、まずはNOIで物件を判定する基準を選んでみてはいかがでしょうか？

　NOIを求めるには、収入（賃料）から、実際に発生した経費（管理費、修繕費、各種保険料、共用光熱費、各種税金など）のみを差し引いて計算します。経費に含まれないものは、支払金利、減価償却、所得税などになります。

　計算式は、

NOI ＝年間家賃収入－不動産管理コスト

となります。

4-15 ROIは何％ぐらいがいいのか？

ROIはあくまでも参考程度に考える

　ROIの数値は大きければ大きいほど、投資効率がいいといわれています。投資効率がいいということは、自己資金をほとんどかけないで成功しているという意味です。しかし、本当にそうなのでしょうか？

　不動産投資は、投資であって、自宅を購入することではありません。負債を少なくすることが目的ではなく、投資をした結果、どのくらいの収益がもたらされるのかのほうが重要なのです。投資効率を高める観点から、自己資金を入れるよりもできるだけローンを利用して、不動産投資を行った方がいいという考え方もあります。

　しかし、投資効率を重視しすぎれば、空室が出たり、家賃滞納が起きたりで、キャッシュフローが回らなくなったときに不動産投資を続けられなくなってしまいます。不動産投資は長く続けることが重要なので、長く続けられなくなってしまえばせっかく始めた投資が無駄になってしまいます。

自己資金を有効に使う

　そんなときに役に立つのが自己資金です。自己資金を投入し、家賃収入が減った分を補うのです。その間になんとか空室を減らしたり、家賃滞納を解消したりします。自己資金が多ければ多いほど、いざというときに役に立つのです。

　投資効率だけを考えていたら、万が一というときに対応することができなくなります。こうした考え方は事業経営では当たり前の考え方なのですが、投資ではなかなか難しいのかもしれません。このように、万が一に対応するためにも、自己資金は多めに入れて購入するか、自己資金をプールしておくことが望ましいでしょう。

　このように考えると、ROIを始めとした投資指標というのは、あくまで

4-15 ROIは何％ぐらいがいいのか？

も指標であって、それを鵜呑みにしてはいけないということがわかります。投資効率がいいから、ROIがいいからといって喜んでいても何の意味もありません。重要なのは毎月キャッシュフローを生み出し続けるという考え方と、毎月のキャッシュフローを生み出す優良物件なのです。

そもそも、毎月のキャッシュフローが優れているという物件は、なかなか指標では判断しきれません。それよりも現地に行って物件を見たり、物件の状態を確認したり、実際の入居者の状況を見たり、人通りや駅からどのくらい離れているのかなどを判断し、居住ニーズが本当にあるのかどうかということを確認することの方がとても重要だからです。**投資指標はあくまでも物件選定をする際の1つの目安として考えるということ。投資指標以外の見る目も養うということを普段から心がけておきましょう。**

ROIの見方

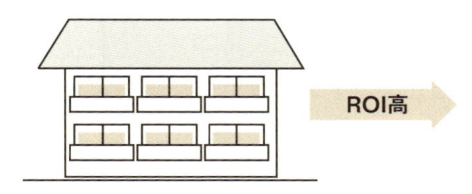

ROI高 → ROIが高くても、万が一空室が出て家賃収入がなければ自己資金によって賄う必要がある。ROIが高すぎるのは事業基盤の脆弱性を表すことになる

ROIは1つの投資指標と考えるべきで、それに捉われることなく不動産物件の選定を進める必要がある。

4-16 不動産投資の出口戦略を考える

出口戦略とは何か？

出口戦略のもともとの意味は、自分の想定外の状況に置かれたとき、投下した資本を最大限に回収する戦略のことをいいます。

不動産を購入する前から出口戦略を考えるのは、ちょっと早過ぎるのでは？

と考える人もいるかもしれませんが、そんなことはありません。不動産投資はそもそも数年単位という中長期で保有するものです。中長期で保有したときに周りの環境が大きく変化していることは往々にしてあることなのです。

そうしたターニングポイントにどういう手を打つのか、ある程度、考えておいた方が大きな視点で投資効率を向上させることができるのです。

たとえば、築古の木造アパートを購入した方で大きな修繕が発生したケースがありました。そのまま修繕をするよりも、そのアパートは立地が非常にいいので建て替えてしまって新築マンションとして不動産投資を再スタートしたのですが、空室率はゼロで家賃収入も以前と比べて増えたという話をされていました。

建て替える決断をするには、それなりに準備が必要になりますが、その方はすでに3棟ほどアパートを持っていて、キャッシュフローも万全でした。そこで立地のいい築古木造アパートの売り情報が流れてきたので、購入することを決断されたそうです。その木造アパートを持ち続けるという意志はなく、最初から建て替えを目的に購入されたそうです。その方は**準備ができていたからこそ、建て替えという決断をすることができた**のだと私は思います。

出口戦略は大きく分けて3つ

不動産投資の出口戦略は大きく分けて3つあります。「売却」か「建て替える」か「持ち続けるか」です。

区分所有のマンションであれば、築年数が経って来たら売却がオススメです。そもそも区分所有のマンションはマンション全体の所有権がバラバラなので、建て替えるという選択肢を選ぶのが難しいこともあります。持ち続けるといっても古くなってくれば、リフォームの必要が出てきます。リフォームの際には所有者全体の合意が必要でこれまた手続きが面倒だからです。

　次に1棟所有のマンションであれば、すべての選択肢を選ぶこともできます。建て替えるのでもいいですし、そのまま売却してもいいですし、更地にして転売するのもいいですし、自宅を建設してもいいと思います。自由に選べるのがメリットでしょう。もちろん、一生持ち続けるというのでもいいと思います。不動産を購入する前にある程度、将来の方向性を考えておくことが重要だと思います。

出口戦略を考えておく

出口戦略とは？

古くなったとき、建て替えが必要になったとき、不動産価格が上昇・下落したとき、不動産投資をやめるときの対応方法や時期

3つの出口戦略

売却	建て替える	持ち続ける
区分所有のマンションであれば、築年数が経って来たら売却	一棟所有の物件であれば、建て替えるという選択肢もある	一棟所有の物件を一生保有し続ける

不動産を購入する前にある程度の方向性を考えておこう。

4-17 相続時の1つの戦略に活用する

財産を持ったら相続のことも考える

　出口戦略で不動産を「持ち続ける」と選択した場合、やり方次第で相続税の節税効果があるということを紹介しましょう。

　現金も土地も被相続人が死んだときには、相続財産として財産目録に記載されます。そして、被相続人の財産を受け継ぐ人（相続人といいます）が相続税を支払うことになります。

　現状では、相続税を支払う人の目安は、配偶者と子ども1人の相続人2人の場合で、7000万円までの相続財産であれば税金を支払う必要がありません。これは相続財産がここまでの範囲だったら相続税はかかりませんという基礎控除額の範囲が5000万円＋法定相続人数×1000万円だからです。

　ところが、相続税法が改正されれば、その基礎控除額が4200万円まで引き下げられます。これは改正後の相続税の基礎控除額が3000万円＋法定相続人数×600万円だからです。基礎控除額が4200万円まで下げられてしまえば、現在、山手線内に自宅を持っているサラリーマンであれば、またサラリーマン大家さんであれば、確実に相続税を支払う人になってしまうのです。

　ただし、幸いなことに現在は相続税法は国会で審議中で改正がいつになるのか、メドも経っていない状況です。とはいえ何らかの対策をとっておく、というのも重要になってきます。

現金よりも不動産で財産を持つメリット

　まず財産を現金で持つよりも、不動産で持った方が財産の評価額は低いということなのです。不動産投資で不動産を持っている場合は、貸付事業用宅地等扱いになり、「**小規模宅地等の評価減の特例**」が適用できます。これを活用することで、土地の評価は最大で80％下げることができます。

4-17 相続時の1つの戦略に活用する

たとえば、相続税評価額が1億円の不動産があるとしましょう。「小規模宅地等の評価減の特例」を利用すれば2000万円まで評価を下げることができるのです。

また建物と土地の割合で評価を下げることができます。建物の割合が土地に対して大きければ大きいほど、財産としての評価額は低いと見なされます。つまり、土地は狭くて、建物が高いような物件であれば、相続税対策に大いになりうるということですね。また、そのような建物に建て替えるという方法もあります。

いずれにしろ、不動産を持ったらその後の出口戦略もきちんと考えておかなければ、残された人たちが苦労をするということになります。しっかり考えておきましょう。

不動産は相続対策にもなる

小規模宅地等の評価減の特例

① 特定事業用宅地等（自営業者などが店舗や工場敷地としていた土地）
② 特定居住用宅地等（被相続人の居住用に使われていた土地、マイホーム）
③ 貸付事業用宅地等（アパート敷地など）について

相続した土地が②だけの場合は、240㎡まで80％の評価減
相続した土地が③だけの場合は、200㎡まで50％の評価減

↓

最大で80％までの評価減に＝節税となる！

4-18 法人を使って節税をする

法人のタイプは3つある

　出口戦略で不動産を「持ち続ける」を選択したとして、個人で不動産を持ち続けるのか、それとも法人で不動産を持ち続けるのか、どちらを選んだらいいかという問題が出てきます。**法人で不動産を持つ最大のメリットは節税**でしょう。個人の所得税、住民税を合わせると最高税率は50％です。ところが、法人税の場合は約40％です。また、節税の幅が広がりますので、その効果は大きいです。

　法人で不動産を所有する場合は大きく分けて3つの方式があります。法人の売上をどのように計上するかによってタイプ分けができるのです。

①不動産所有法人型

　賃貸不動産を法人で所有することで、家賃収入の売上をすべて法人が計上するというやり方です。個人であるオーナーは法人から給与という形で家賃収入による利益を受けます。節税効果が高いという一方で、融資を受けて購入する場合、法人名義で融資を受けなければならないという問題が発生します。また既に個人名義で数棟所有している不動産を法人名義とする場合には、不動産取得税や登記費用がかかることになります。そのため、不動産所有法人を利用するのであれば、初めから法人名義で購入するか、タイミングをしっかり計り、個人から法人名義にしたほうがよいでしょう。

②一括借上法人型

　管理法人がオーナーから不動産を一括借り上げする方式です。個人所有の賃貸不動産を管理法人が一括で借上げ、法人名義で入居者と賃貸借契約を結びます。サブリース型ともいいます。管理法人は契約上、賃貸人となるため、契約更新が必要になります。また、空室になった場合、そもそも

家賃がとれないため、節税する意味があまりなくなります。本来節税のために法人設立したにもかかわらず、そもそも意味がない、むしろ法人の維持管理コストが無駄になる可能性があります。つまり、この形態では、ある程度の不動産の規模がなければあまり節税効果は見込めないということになります。

③不動産管理法人型

個人所有の賃貸不動産を家賃収入も含めて法人が管理し、管理料を取る方式です。オーナーと管理法人の間で管理委託契約書を締結するだけでいいので、実行が簡単です。ただし、不動産管理法人型もある程度の不動産規模がないと節税効果は見込めません。

3つの法人化の方法を紹介してきましたが、所有している不動産によって法人化のメリット、デメリットが存在するので注意しましょう。

法人で節税する方法は3つある

不動産所有法人型
賃貸不動産を法人で所有することで、家賃収入の売上をすべて法人が計上するというやり方です。個人であるオーナーは法人から給与という形で家賃収入による利益を受ける。
→ 節税効果 高

一括借上法人型
管理法人がオーナーから不動産を一括借り上げする方式です。個人所有の賃貸不動産を管理法人が一括で借上げ、法人名義で入居者と賃貸借契約を結ぶ方式。
→ 節税効果 中

不動産管理法人型
個人所有の賃貸不動産を家賃収入も含めて法人が管理し、管理料を取る方式です。オーナーと管理法人の間で管理委託契約書を締結する方式。
→ 節税効果 低

4-19 不動産の分散投資の考え方

卵を同じカゴに盛るなという教え

　ヨーロッパの古い投資格言で「卵は同じカゴに盛るな」というのがあります。同じカゴに盛って運んでいるときに、何か不測の事態があれば、同じカゴに入っている卵は全部潰れてしまうからです。すべての卵は同じカゴに入れずに、それぞれカゴを分けて盛っておく。そうすることで、安全性が保たれるという格言です。要するに分散投資をしろということですが、**不動産投資にも分散投資のセオリーは存在します。**

　複数の物件を異なるエリアで持つということです。分散投資の方法はいろいろあります。

①不動産の用途を分散する

　ワンルームマンションだけではなく、商業店舗、駐車場やオフィスなど、不動産の用途を分散させることで分散投資効果が得られます。景気のいいときには、オフィスや商業店舗などで大きく稼ぐなどの方法があります。

②地域を分散する

　複数の物件でも同じ地域に持つと同じ地域の特有のリスクが生じた場合、すべての家賃収入に影響が出てきます。一番影響が大きいのが地震や台風、大雨、竜巻などの自然災害です。大きな災害が発生したときに自分の自宅や生まれ故郷だけに物件があるのでは、すべての物件に影響が出てしまいます。こういう問題は個人ではどうにもならないので、所有物件の地域を分散してリスクを低減するのです。東京や福岡、関西と分散する方法もありますが、場合によっては、海外も視野に入れても良いと思います。

③築年数や投資時期を分散する

　築年数や投資時期を分散するというのは、特に中古物件を購入する場合のときです。建物は経年劣化します。建物の価値を維持して、最大限の運用をするためには、少しずつ建物の設備を直したり、リフォームしたりすることが大切です。とはいえ、適切なメンテナンスをするといっても、一気に同じようなメンテナンス費用が発生してしまっては、対応できないこともあるものです。

　そこで、複数物件を所有した場合にはメンテナンスの時期が重ならないように、築年数や投資時期を分散する必要があります。

　エアコンなどの空調機は8～10年ほどで更新時期を迎えます。洗面やトイレ、バスなどの衛生機器は、15年程度で大規模な修繕や機器の交換が必要になります。外装の塗り替えや修繕費用も億単位のマンションであれば数千万円の費用がかかることもあります。

3つの分散投資法

卵は同じカゴに盛るな

不動産用途で分散する

| ワンルームマンション | 商業店舗 | 駐車場やオフィス |

不動産地域で分散する

| 東京 | 福岡 | 海外 |

築年数、投資時期で分散する

| 新築 | 築12年 | 築25年 |

4-20 不動産投資の確定申告

確定申告とは何か？

　確定申告とは、その年の1月1日から12月31日までに得た所得に対して、税額を計算し、翌年の2月16日から3月15日までに税務署に申告し、税金を収めたり、収めすぎた税金を還付してもらったりする申告納税制度に基づいた仕組みです。

　所得は給与所得のほか、10種類の所得に分けられます。収益不動産で得た収入は不動産所得に分類されます。通常、サラリーマンは源泉徴収といって会社が、毎月の給与所得のなかからその年の所得税と住民税を徴収し、納税することになっているので、確定申告の必要はありません。ただし、給与所得以外で年間20万円以上の所得を不動産投資で得た場合、確定申告が必要になります。

　不動産所得は、これまで何度か紹介していますが、次の計算式で求められます。

不動産所得＝収入金額－必要経費

　収入金額から必要経費（必要経費については4-6を参照してください）を引いたものが不動産所得になります。算出された不動産所得を申告し、決められた税金を支払う必要があります。

損益通算とは？

　不動産所得には、「損益通算」という、源泉徴収されているサラリーマンにとってはうれしい制度があります。**損益通算**とは、所得の種類が2種類以上あるとき、赤字になった所得を別の黒字の所得と一定の順序で相

4-20 不動産投資の確定申告

殺する仕組みのことをいいます。たとえば、給与所得と不動産所得です。給与所得が赤字になることはありませんが、不動産所得は賃貸業という事業収入ですから、赤字になることもあります。つまり、給与所得の黒字と不動産所得の赤字を相殺して申告することができます。このときに条件はありますが給与所得が少なくなるので、所得税と住民税が少なくなるということです。

仮に給与所得で1000万円の収入があるサラリーマンがいるとしましょう。不動産投資で赤字が仮に200万円出たとしたら、損益通算をすることで、給与所得を800万円に減額することができます。給与所得1000万円の場合、住民税が100万円、所得税が330万円で合計430万円かかるとして、給与所得が800万円に減額された場合、税金が住民税が80万円、所得税が184万円と合計で264万円となり、確定申告をすることで、166万円が還付されることになります。このように不動産投資の確定申告はオトクなことが多いのです。

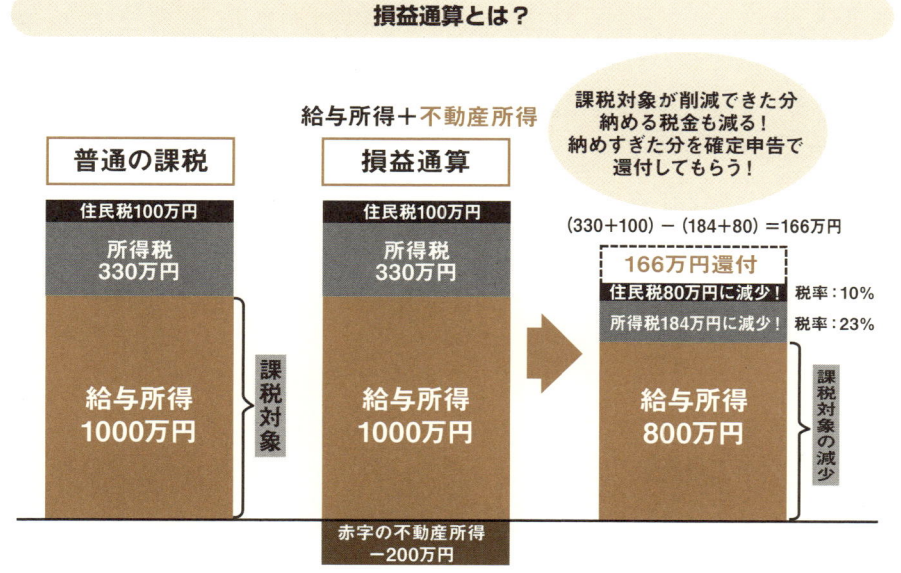

損益通算とは？

普通の課税
- 住民税100万円
- 所得税330万円
- 給与所得1000万円

課税対象

損益通算
給与所得＋不動産所得
- 住民税100万円
- 所得税330万円
- 給与所得1000万円
- 赤字の不動産所得 −200万円

課税対象が削減できた分納める税金も減る！納めすぎた分を確定申告で還付してもらう！

(330＋100) − (184＋80) ＝166万円

166万円還付
- 住民税80万円に減少！ 税率：10%
- 所得税184万円に減少！ 税率：23%
- 給与所得800万円

課税対象の減少

※計算を簡略化するため、所得税の税率控除額は計算に含んでいません。

4-21 不動産投資と税制度

青色申告制度とは？

青色申告制度とは、申告納税制度の基盤となる記帳制度を広めるために行われた特典の仕組みのことをいいます。「不動産所得」を得ているものが、所得税法で定めた一定の帳簿を備えて取引などを正確に記帳する義務を果たす代わりに、税務上の恩恵を受けられるという趣旨の制度です。

青色申告制度の最大の特典は無条件で所得から控除される特別控除制度です。控除される額は65万円、10万円と2種類ありますが、65万円控除を適用する場合、**複式簿記**に記帳することが義務づけられています（10万円控除の場合は、**単式簿記**で申告が可能です）。青色申告制度には、特別控除制度だけではなく、その他にさまざまな特典があります。

たとえば、青色専従者給与の必要経費の算入というのがあります。この制度は、ある事業に専従で仕事をしている人と生活を1つにする親族の給料を必要経費に算入することができます。また、純損失の繰越控除というものもあります。これは、損益通算をして、なおも引ききれない金額を翌年以降3年間繰り越して、他の所得から引くことができる制度になります。このようにさまざまな節税の特典があるので、節税のときには、大いに活用すべき制度になります。

事業的規模とは

ただし、これらの税務上の特典も不動産投資が事業的規模でないかあるかによって特典の範囲が異なるので、注意が必要です。事業的規模とはおおよそ次のような規定があります。

①**貸間、アパート等については、貸与することのできる独立した室数がおおむね10室以上であること。**
②**独立家屋の貸付けについては、おおむね5棟以上であること。**

事業的規模である場合とそれ以外の場合の所得金額の計算上の相違点のうち主なものは次の通りです。

①資産損失
賃貸用固定資産の取壊し、除却などの資産損失については、事業的規模の場合は、その全額を必要経費に算入しますが、それ以外の場合は、その年分の資産損失を差し引く前の不動産所得の金額を限度として必要経費に算入されます。

②貸倒損失
賃貸料等の回収不能による貸倒損失については、事業的規模の場合は、回収不能となった年分の必要経費に算入しますが、それ以外の場合は、収入に計上した年分までさかのぼって、その回収不能に対応する所得がなかったものとして、所得金額の計算をやり直します。

③事業専従者控除
青色申告の事業専従者給与又は白色申告の事業専従者控除については、事業的規模の場合は適用がありますが、それ以外の場合には適用がありません。

④青色申告特別控除
青色申告特別控除については、事業的規模の場合は一定の要件の下、最高65万円が控除できますが、それ以外の場合には最高10万円の控除となります。

不動産税務で重要となる事業的規模とは？

(1) 貸間、アパート等については、貸与することのできる独立した室数がおおむね10室以上であること。

(2) 独立家屋の貸付けについては、おおむね5棟以上であること。

⇓

不動産賃貸業は事業的規模の方が節税メリットの恩恵を受けられる

Column

ノンリコースローン

　「ノンリコースローン」とは非遡及型融資といいます。不動産の収益性に着目して、担保として提供された不動産のみに設定するローンのことをいいます。このローンは一般的な融資と異なり、「人」や「会社」の信用に融資するのではなく、不動産事業そのものに融資するローンになります。

　つまり、返済不能に陥ったとしても、その不動産を売却するとき以外は、ローンの返済義務は生じませんし、融資を受けた人が持っている個人的な資産には責任は及びません。これを遡及しないといいます。このことから、非遡及型融資（ノンリコースローン）と呼ばれています。

　一方、遡及型融資「リコースローン」とは、「人」や「不動産」の信用に基づいて融資をするローンのことをいいます。

　通常、金融機関から融資を受けるときには、借入金が万が一返済されなかった場合に備えて連帯保証人や不動産などの担保を求められることが多いです。

　そして、借入金の返済が約束どおりなされなかった場合は連帯保証人に返済を求めたり、担保として提供された不動産を強制的に売却（競売）して債権（融資金）の回収をします。

　ところが、不動産価格の下落などにより債務者が不動産の売却をもってしても借入金を全額返済できない場合、残った債務は当然に返済義務を負うことになります。場合によっては自宅などの他の資産を売却しなければなりません。通常の融資は「人」の信用に基づいているため、担保とは無関係にその「人」に対して返済義務を生じさせています。

　日本ではノンリコースローンは、普及する前にブームが終了してしまいました。日本の金融慣行と合わないという事情があったのかもしれません。しかしながら、海外の不動産投資の融資はノンリコースローンが主流です。今後、日本の金融情勢が変化すれば、ノンリコースローンもまたブームになる可能性もあります。

第 5 章

投資する物件を選ぶ　基礎編

　この章からは、具体的に投資をする物件を選んでいくことになります。良い物件を選ぶには、どうやって選ぶのか、どこから物件の情報収集をするのかといった基本的なことから学ばなければいけません。この章では、物件選びの基礎的なところを紹介していきたいと思います。

5-1 目的に合う物件選びを行う

何のために物件選びをするのか？

投資用の収益物件を探す前に、皆さんに実行していただきたいことがあります。それは、もう一度、自分に対して「どのような目的で不動産投資をするのか？」と質問して欲しいのです。なぜそんなことをするのかというと、**投資の目的ごとに物件は千差万別に分けられますし、また物件の取得の方法もまったく変わってくるからです。**

たとえば、安定した副収入を得たいというサラリーマンの方が副業で不動産投資をスタートしたとしましょう。こういう目的を持っているサラリーマンであれば、都心の駅近の一棟所有がオススメです。入居需要も高く、空室リスクも少ないと考えられています。もちろん、一等地にある物件の融資がそもそも降りるのかという問題もあるでしょう。それならば、少し都心から離れた物件で駅近にある一棟ものの物件を探すという選択肢も出てくるはずです。

不動産投資で大きく儲けたいというのであれば、築年数が古く、郊外の物件を購入するという選択肢もあるかもしれません。ただし、築古で郊外の物件のなかでも入居需要がある物件を探す必要があるでしょう。

節税が目的なら土地狭、建物高物件を

所得税の節税が目的の人なら、減価償却費をたくさん計上できる土地が狭く建物が高い物件、区分マンションを選んだ方が節税には有利になります。

ところが、老後のための資産形成を考えているのであれば安定した収支を確保することが大前提です。区分所有のマンションでは空室ができてしまったときに収入はゼロになってしまいます。老後のための資産形成であれば、区分所有マンションよりもマンション一棟所有で空室リスクを分散させた方がいいでしょう。

5-1 目的に合う物件選びを行う

自分の目的に合う物件選びが重要

買ったはいいけど節税効果は数年で終わってしまった…

節税対策したい
Aさん

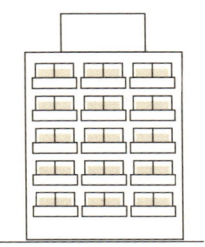

優良高利回り物件

同じ不動産でも、その人の目的によって、良い物件にも悪い物件にもなりえる

目的	物件	検討ポイント
高収益（高利回り）	・郊外 ・築年数古い	・空室リスクが高い ・修繕費がかかる可能性あり ・ローンが難しく自己資金3割以上投入 ・転売が難しい可能性あり
節税	・築年数古い ・区分マンション	・同上
資産価値維持	・都心・駅近 ・地形・接道が良い ・区分マンション	・利回りが低く、空室耐性が少ないため、自己資金が多めに必要
安定副収入源	・都心・駅近 ・家賃が相場並み	・取得競争が激しく物件数が少ない
転売	・管理状況が悪く空室が多い ・設備や間取りが時代遅れ ・路線価と売買価格が接近	・リノベーションなどの手間とコストがかかる

5-2 物件を取得するまでの流れ

まずは物件をたくさん見ることからスタート

　物件を取得するまでの流れは、右図の通りになります。不動産物件のポータルサイトなどを訪れて、物件を検索します。気に入った物件があれば、不動産会社にアポイントを取り、実際に物件を見にいきます。気に入った物件があれば、買い付け申し込みを行って、売主と価格交渉を行います。売主との価格交渉が成功すれば、金融機関への融資申し込みになり、融資が通れば、晴れて大家業のスタートとなります。

　このように物件を購入すること自体は、「買う」と決めれば、あとは不動産会社の流れに乗るだけです。銀行に提出する契約書類や収支計画表というのも売買仲介の不動産会社が代行して行ってくれるので個人的には、不動産会社から依頼された書類を揃えるぐらいで、専門知識を問われるわけではありませんし、交渉をする必要もありません。もちろん、物件購入にはさまざまな手続きや立会も必要で、本業を持っている人にとっては大変かもしれません。確かに作業には追われますが、何か経営的な能力を問われるわけではありません。

　問題は、購入した物件が、果たして収益を生み出すのかどうかということなのです。だからこそ、より多くの物件を見て、そこから収益を確実に生み出す金の卵のような物件を探さなければいけません。

労力は、物件調査 8、買付作業 2

　だからこそ、情報収集と資料チェック、現地調査を入念に行ってほしいのです。そして、物件が決まれば収支シミュレーションも必ず行ってください。収支シミュレーションの詳細はすでに第 4 章で紹介していますので、そちらを参考にしてください。

労力としては情報収集や資料チェック、現地調査、収支シミュレーションづくりに8割注いで、残りの2割は不動産会社にアドバイスを受けながら買い付け作業を行うぐらいでちょうどいいのではないかと考えています。間違っても逆になっては、金の卵を産むような収益不動産は手に入りません。

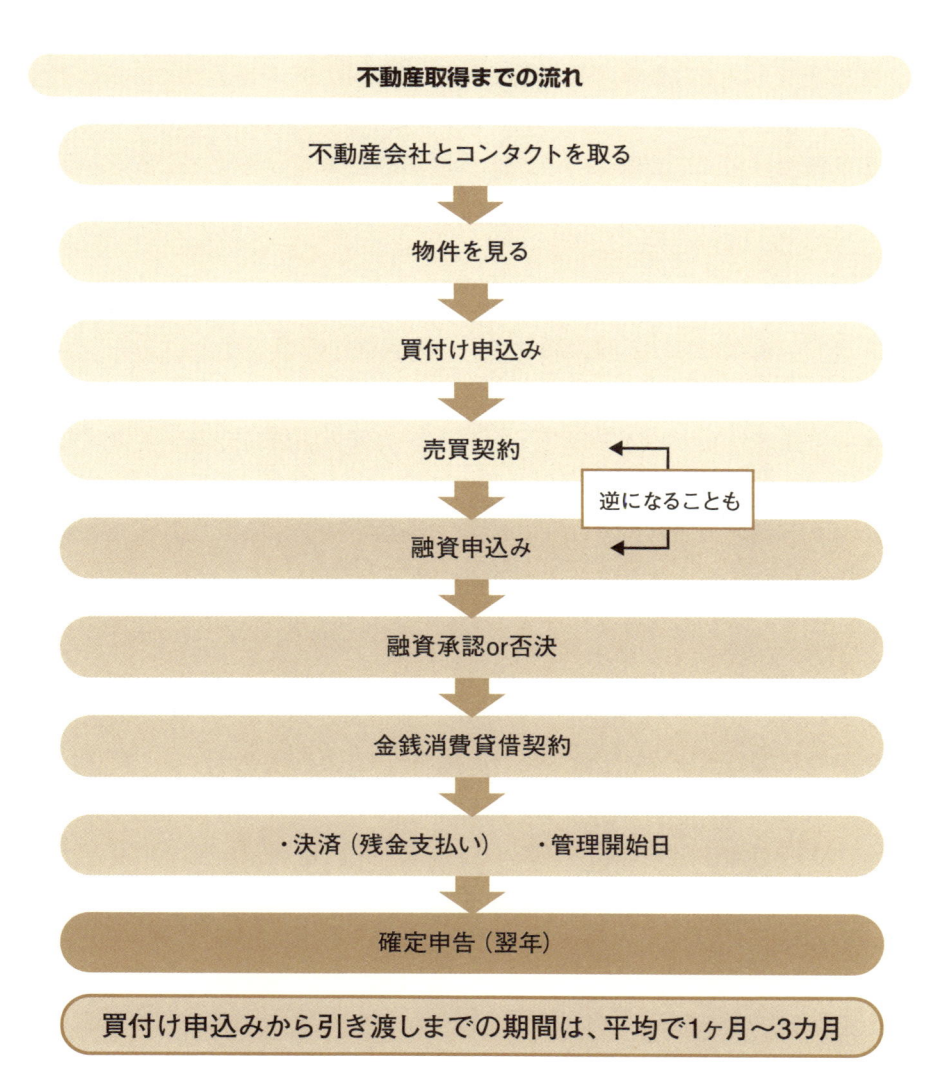

不動産取得までの流れ

- 不動産会社とコンタクトを取る
- ↓
- 物件を見る
- ↓
- 買付け申込み
- ↓
- 売買契約
- ↓ ←→ 逆になることも
- 融資申込み
- ↓
- 融資承認or否決
- ↓
- 金銭消費貸借契約
- ↓
- ・決済（残金支払い）　・管理開始日
- ↓
- 確定申告（翌年）

買付け申込みから引き渡しまでの期間は、平均で1ヶ月～3ヵ月

5-3 物件検索サイト

物件検索の基本ツールはインターネット

　物件の情報収集の基本ツールは、インターネットになります。最初は、インターネットで探したり、不動産コンサルタントが主催するセミナーなどに出席し、コンサルティングを受けるなどして物件を紹介してもらいます。

　不動産会社が見ているのは、その人の属性と本気度です。本気度が相手に伝われば、属性が悪くても紳士的な担当者であれば、物件を紹介してくれます。

　不動産情報を検索するインターネット上のサイトは、不動産投資用の物件を専門に掲載している**投資用サイト**。投資物件だけではなく、賃貸物件、リフォーム情報などまで載せている**不動産情報ポータルサイト**などがあります。不動産情報ポータルサイトと不動産投資専門の情報サイトで何が違うのかといわれると、サイトによって異なりはあるものの、ポータルサイトよりも不動産投資専門サイトの方が、不動産投資に関するあらゆる情報を提供しているというメリットがあります。

　次のような不動産物件情報サイトで検索してみるといいでしょう。

①**ホームズ**（http://www.homes.co.jp/）
　不動産情報のポータルサイト。不動産投資物件だけではなく、賃貸情報や売買情報、リフォーム情報などが掲載されている。不動産投資の賃貸経営コーナーでは、全国の家賃相場や空室率、人口増減、地価公示などあらゆる情報が調べられるので重宝できる。投資物件掲載数は約5000件（2012年6月現在）

②**不動産投資☆連合隊**（http://www.rals.co.jp/invest/）

　不動産投資専門情報サイト。物件情報が見やすく、マイソクを見る感じでさまざまな物件情報を見ることができる。収支計算、ローン計算機能などもあり、便利。投資物件掲載数は約 12000 件（2012 年 6 月現在）

③**楽待**（http://www.rakumachi.jp/）

　不動産投資専門サイト。その名の通り、会員制で会員登録をすれば、自分の条件に合った不動産を紹介してくれる。また、会員はインターネットや広告にはなかなか出てこない非公開物件の紹介を受けることができる。収益物件数は 15000 件で業界最多。

　この他にも**建美家**（http://www.kenbiya.com/）というサイトがあるなど、ここに掲載されているもの以外にも検索サイトはありますので、自分で探しながら、色々と参照してみてください。

主な不動産検索サイト

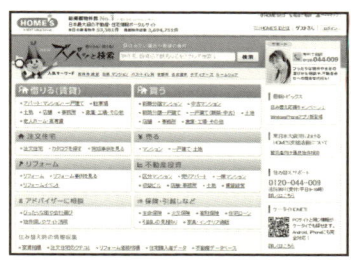

不動産・住宅情報ポータルサイト『HOME'S』
（http://www.homes.co.jp/）

不動産投資専門情報サイト『不動産投資☆連合隊』
（http://www.rals.ne.jp/）

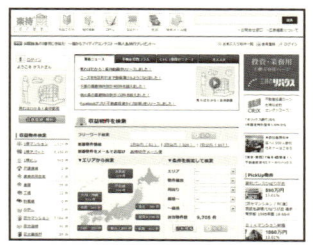

不動産投資専門情報サイト『楽待』
（http://www.rakumachi.jp/）

5-4 優秀な不動産会社と付き合う

良い物件を探すには

　物件を探すといってもなかなか見つからないという場合は、不動産会社から紹介してもらうしかありません。

　やはり一番いいのは優れた不動産業者とお付き合いするということが重要です。優れた不動産会社と付き合うメリットは、大きく分けて次の3つです。

優れた不動産会社と付き合う3つのメリット

　第1のメリットは、物件情報を豊富に持っているということです。

　不動産取引は相対取引です。いい物件の情報というのは、そもそもインターネットなどに公開されずに取引されているケースが多いのです。いい物件は不動産会社の方が自分の顧客、優先順位の高い顧客から物件情報を流していくことをします。だからこそ、優れた不動産会社とお付き合いすることは必須なのです。

　第2のメリットは、優れた不動産会社は金融機関との太いパイプがあり、融資付けに強い力を発揮するということです。実際に優れた不動産会社は、金融機関の内情をよく研究しています。銀行の融資審査の際には**稟議書**という提案書を融資担当者が作成するのですが、その作成方法について不動産会社がアドバイスをしていることも見受けられます。稟議書の作成アドバイスをしているぐらいですから、どのように話を持っていけば、稟議書が通るのかどうかということは彼らも熟知しているのです。また、月末や年度末などは予算消化のために、稟議が通りやすい状況が生まれやすくなります。そのようなときも融資担当者から相談されているのが不動産会社の優秀な担当者です。これだけ内情に通じているからこそ、融資付けの際に頼もしいパートナーとなることができるのです。

5-4 優秀な不動産会社と付き合う

　第3のメリットは、優秀な不動産会社は管理についても細かいノウハウを持っているというところでしょう。不動産投資において物件の管理は重要なことです。管理について、細かいノウハウがなければ、何か問題が起きたときに対処することができません。退去者が出れば入居者の募集をしなければなりませんが、効果的に入居者募集をするためのノウハウがなければ、なかなか入居者を集めることができません。そもそも退去者が出ないようにするためのノウハウなどもなければ、安定収入を望むことはできないでしょう。さらに、購入した物件が中古物件であれば、リフォームの問題も深刻になります。退去後のリフォーム代もバカになりません。きちんとしたリフォーム会社を選ばなければ、リフォーム代を水増しされることもあるのです。優秀な不動産会社に依頼すれば、適正価格のリフォーム会社に依頼してくれることにもなるのです。

なぜ不動産業者選びが重要なのか？

物件情報を豊富に持っている
物件の多くはネット等には公開されず売買されているので、その情報を豊富に持っている業者を選ぶ必要がある。

銀行とのパイプがある
本業を持つ人が平日9時〜15時に銀行にいくのは困難、良い業者であれば融資付けの強い味方になってくれる。

物件管理のノウハウがある
管理について、細かいノウハウがあれば、何か問題が起きたときでも対処してくれる。

不動産業者は重要な事業パートナーである

5-5 物件情報はピラミッド式に流れていく

不動産業界の情報流通の仕組み

　優れた不動産会社と懇意にすることは、優れた物件を手にする最大の近道であることは、前節で紹介しました。

　それには、さまざまな理由があります。第1に、そもそも不動産業界には個人投資家向けの公開市場というのが存在しないので、優れた物件情報は、不動産会社の優良顧客に口コミで流れていくというのが一般的であること。第2に物件を所有している地主のなかには、所有している土地や建物が売りに出されているという事実を周りに知られたくない人が多いということがあります。そのためインターネットなどでは公開せず、優良顧客向けに物件情報を提示するということを行うのです。インターネットなどで公開されていない物件を非公開物件といい、インターネットなどで公開されている物件を公開物件と言います。ある不動産会社の担当者は、こう言っています。地主から優れた物件の売却依頼を受けたり、懇意にしている他の不動産業者から優れた物件が流れてきたりした場合には、顧客の優先順位リストから順番にその物件情報を流していくことにしている。そして、すべての顧客に流し終わったら、公開物件として、インターネットに流すのだそうです。

　これが一般的な収益不動産を扱っている不動産会社の事情だと言えます。

優良物件情報を手にするためには？

　では、どうすれば、優れた物件を手にできるのでしょうか？　時間はかかりますが、優れた不動産会社の担当者の優良顧客になるしかありません。では、不動産業者にアプローチをするにはどうすればいいのでしょうか？

　まず、その不動産業者が開催しているセミナーなどに参加して話を聞くことが必要です。話を聞いて、自分の投資スタイルと合っているようだな

5-5 物件情報はピラミッド式に流れていく

と思ったら、アポイントを取り、訪問することが重要です。

アポイントを取って、訪問をするときに、必要なのがこちらの条件提示です。不動産会社はその人がどれだけ真剣なのか、物件を購入する意思と能力があるのかを判断しています。真剣でもなし、物件を購入する意思はおろか、能力さえもない、ということであれば、訪問したとしても相手にはしてくれないでしょう。

どのように提示するのかは、大まかにいうと自分の年収と金融資産（主に預貯金の金額）と物件の条件を提示することです。**物件の条件はいろいろあります。「価格帯」、「建物の構造」、「間取り」、「築年数」、「地域」、「駅からの距離」、「利回り」**などです。あまり条件が厳しいと情報が少なくなってしまうので、優先順位を決めておきましょう。

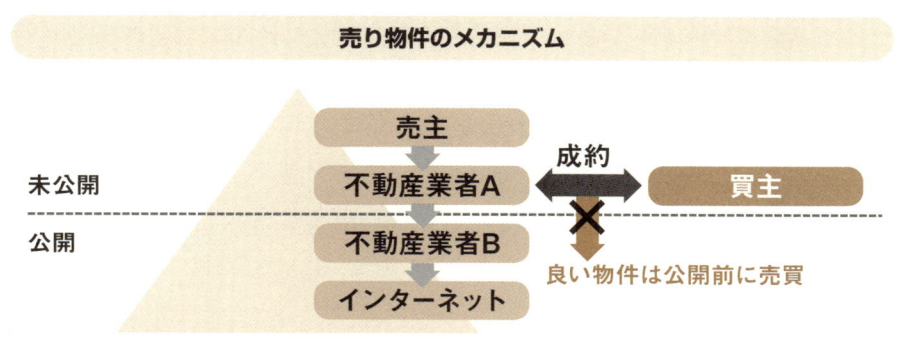

売り物件のメカニズム

未公開
- 売主
- 不動産業者A　←成約→　買主

公開
- 不動産業者B　×　良い物件は公開前に売買
- インターネット

ほとんどの物件は表に出ないで売買されるため不動産業者とのつながりを強化することが必要！

5-6 優れた不動産会社を選ぶ方法①
― 業者の見分け方 ―

よい不動産業者を見分けるポイント

　よい不動産会社を見分けるためには、いくつかのポイントがあります。ポイントは大きく分けて3つあります。

　第1のポイントは、「いいことだけではなく、悪いこともオープンに教えてくれる不動産会社」であることです。不動産投資のメリットだけを言い続けている不動産会社、悪いことを一切言わないで、とにかく物件を売ることだけを考えている不動産会社では、実際にお付き合いがスタートしても、オーナーである自分に情報が来なくなってしまうことがあります。

　ある不動産オーナーの方は、不動産会社を訪問したときにものすごくおだてられ、そしてものすごい歓待を受けたと言います。不動産投資を実際にスタートしてから発生する問題やトラブルといったことには一切触れず、ひたすら持ち上げられて、接待されたといいます。その担当者を信頼して1棟アパートをキャピタルゲイン狙いで購入したところ、まったく売れずに毎月50万円ものローンを支払うことになったといいます。その不動産会社に文句を言ったところでなしのつぶてでした。その不動産会社は仲介料だけ稼げればいいという考え方だったのです。このように、不動産会社の担当者のなかにはとても接待がうまい方がたくさんいるのです。そうした接待に乗って、断れなくなってしまってはいけません。いいことばかりではなく、悪いこともあるのが不動産投資ですから、そこをきちんと聞きましょう。

自分の話を聞いてくれる不動産業者

　第2のポイントは、「自分の話をきちんと聞いてくれる」ということです。悪い不動産会社は、ほとんどオーナーの意見は聞いていません。「そういう考え方もありますけれども、こちらがオススメですよ」とか、「いい物

件が入ったんですよ。短期売買すれば大きく儲けられますよ」など話を聞いているように見せかけて、不動産会社の話しかしていないというのでは、実際にお付き合いが始まっても、あなたの投資スタイルを尊重してくれることはありません。あなたの投資スタイルを尊重してくれて、物件を勧めてくれるときでも、なぜあなたに合うのかということをきちんと説明してくれる不動産会社とお付き合いしましょう。自分と合う不動産会社とお付き合いするために、妥協せずに自分に合った不動産会社を探しましょう。

第3のポイントは、月並みですが、「相性」が合うことです。なんとなくウマが合う、合わないという感覚は意外と重要です。また、自分自身で不動産を所有している人がオススメです。自ら不動産を所有している担当者であれば、購入後の細かいフォローも期待できるからです。

よい不動産業者の見分け方

いいことだけでなく、悪いこともオープンに話してくれる

不動産投資のメリットだけを言い続けている不動産会社では、実際にお付き合いがスタートしても、オーナーである自分に良い情報が来なくなってしまうことがある。

自分の話をしっかり聞いてくれる

自分の話ばかりして、こちらの話を聞いてくれない業者では、こちらの投資スタイルを尊重してくれない。

相性が合う

意外な要素ではあるが、ウマが合う、合わないということは業者と付き合っていく上で、重要

5-7 優れた不動産会社を選ぶ方法②
ーインターネットを使うー

不動産会社探しもインターネットで

　収益不動産を扱っている不動産会社探しは、インターネットで行うのがよいでしょう。不動産情報ポータルサイトや不動産投資情報専門サイトなどから不動産会社を探すというのがオススメです。

　不動産会社を調べるときに注意する点は、不動産会社にも得意な分野と不得意な分野があるということです。たとえば、土地売買に強い不動産会社、住宅売買に強い不動産会社、住宅賃貸やオフィス賃貸に強い不動産会社、売買仲介や賃貸仲介ではなく管理に強い会社などさまざまです。

　大手だからといって、必ずしも素晴らしい不動産会社ばかりではありません。大手では、知名度が高いというメリットがある反面、オーナーの意向をあまり尊重してくれなかったり、担当者が頻繁に変わるなど、実際にお付き合いがスタートしても小さな行き違いが頻発するということもあります。逆に地元密着型の小さな不動産会社の場合、知名度はありませんが、地元の賃貸需要や不動産市況に精通しているだけでなく、人脈やネットワークなども豊富で、そのエリア限定ですが、素晴らしい優良物件を持っているというケースも少なくないのです。一方、外から見ると不動産会社という感じでも、実際に行っていることは、金融業という不動産会社もあります。そういう不動産会社では売買仲介についてのノウハウはあったとしても、管理のノウハウに乏しかったり、不動産知識や税務知識などに疎かったりするケースもあるので気をつけましょう。

　とにかく数を回って、優秀な不動産会社に会えるチャンスをつくりましょう。

不動産会社への質問

　ただし、気をつけなければいけないのが、**会社だけではなく、担当者によって不動産会社のサービスは大きく左右されるということ**です。そこで担当者に聞いていただきたい質問が過去の実績です。多くの不動産会社の担当者は、売買仲介が主な仕事と考えています。そのため、自分が取り扱った収益不動産がどうなったかということに関心がない担当者の方も残念ながら多くいらっしゃいます。そこで、その担当者が担当したお客様のその後を聞いてみるのです。すぐに答えてくれるのであれば、購入した後も面倒を見てくれる担当者であることが判断できますが、すぐに答えられなければ、購入後のケアは難しいと考えざるを得ません。

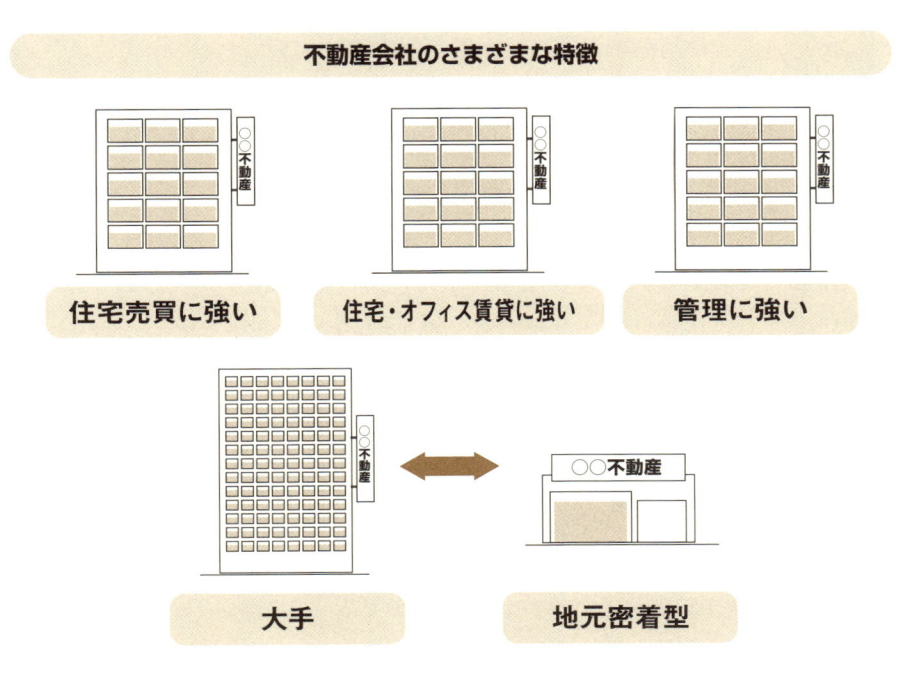

不動産会社のさまざまな特徴

住宅売買に強い　　住宅・オフィス賃貸に強い　　管理に強い

大手　⇔　地元密着型

5-8 不動産会社からあなたはこう見られている

不動産会社へのアプローチ方法

　前節では、不動産会社を見分ける方法を紹介しましたが、不動産会社もビジネスパートナーとして、あなたのことを見ているということを忘れてはいけません。不動産会社は物件の売買仲介や賃貸仲介などを行っているビジネス事業です。売買仲介取引がまとまりそうにない客だと思われたら、そこであなたから手を引いてしまいます。自分は不動産会社にとって重要な人物であるということを印象づけなければ、優れた不動産会社とお付き合いすることは難しいです。

　前述したように不動産会社が優良物件の情報を率先して提供したい人、いわゆる優良顧客とは、買う意思を持っていて、買える能力がある人なのです。それが不動産会社に伝わりさえすれば、優良顧客になることができます。

　そのためには、自分の簡単な属性を表す資料をつくっておくとよいでしょう。現在、働いている企業の規模、役職、勤続年数、収入、そして金融資産などを資料に入れます。預貯金だけでなく負債も書いておくといいと思います。住宅ローンの残債などいずれ融資を受けるときに、明らかにしなければならないものなので、早めに明らかにしておくとよいでしょう。住宅ローンの残債が余りにも大きい場合は、不動産会社としても対応できないかもしれませんが、住宅ローンの残債も含めた担保価値の高い不動産を探してもらえる可能性もあります。あまり細かくなくてもいいのですが、ざっくりとした個人属性表みたいなものを用意しておくとよいでしょう。もう1つは、物件情報です。価格帯や建物の構造などさまざまな条件が明確に決まっている場合は、それを不動産会社に伝えるために理想とする物件の条件をメモしておくといいでしょう。

　もし、条件が思い浮かばない場合は、不動産投資をスタートする目的だけでもきちんと考えておきましょう。

不動産会社から相手にされない

　一方、不動産会社から相手にされなくなるのは、ひと言で言えば、買う気がない人です。「不動産投資ができれば、ラッキーだな」という軽い考えの人はなかなか不動産会社に相手にされません。特に相手にされないのは、次のような人です。

①返事がない人、対応が遅い人
②相場から見て無理な条件を提示する人
③横柄な態度や誠実な態度に欠ける人
④自分の年収や資産など個人情報を開示しない人

　特に不動産会社からせっかく物件情報を提示しているのに、それに対して何の返事もしなかったり、買うのか、買わないのかハッキリしない人は嫌がられるので、気をつけましょう。

一般的な不動産業者はお客様をこう見ている

不動産業者が優先して優良物件情報を提供したい人
・本気度が高く、誠実な人
・物件購入の準備をしている人

不動産業者からそっぽを向かれる人
・返事がない、対応が遅い人
・無理な条件を要求する人
・横柄な態度や誠実さに欠ける人
・自分の個人情報を開示しない人

5-9 投資物件の種類

どんな物件にもメリット、デメリットが存在する

　不動産会社に自分の投資スタイルや希望を伝えるときに重要なのが、投資物件の種類をある程度、絞り込むということです。

　投資物件の種類はたくさんあります。

　権利関係で分けるなら、「一棟所有」か「区分所有」という分け方がありますし、築年数で分けるなら「新築」か「中古」という分け方があります。用途という要素であれば、「単身向け」のマンションにするのか、「ファミリー向け」のマンションにするのかという分け方もあるでしょう。

　構造という区分であれば、木造か鉄骨造か、はたまた鉄骨鉄筋造などで分けられます。また、「地域」という要素で分ければ首都圏なのか、それとも地方なのか、さまざまな分け方がありますが、そのすべてにメリットとデメリットが存在します。

　たとえば、1棟所有にするのか、それとも区分所有で持つのかで考えてみましょう。

　1棟所有のメリットは、次の通りです。

①自分の自由に管理・運営できる
②最後に土地が残るため、出口戦略の選択肢が広い
③部屋数が多いと空室リスク分散になる
④他の物件と一緒に共同担保に入れ、融資を引き出すことができる

　1棟所有のデメリットは、次の通りになります。

①災害・事件・事故など不測の事態が集中するリスクがある
②自己資金が多く必要になる
③購入金額が高いため流動性が低くなる
④建物管理の手間がかかる

5-9 投資物件の種類

区分所有のメリットは次の通りになります。
①建物保守・修繕面の管理運営が楽
②都心部で好立地・高資産価値の物件が所有できる
③自己資金が少なくて済み、年収が低くても手が出しやすい
④購入金額が安く流動性が比較的高い

区分所有のデメリットは次のようになります。
①管理・運営方針の変更には、区分所有権者の合意が必要
②1室のみ保有だと、家賃収入はイチかゼロ（空室リスクが高い）
③ワンルームマンションはローンを組める金融機関が限定される

このように見てみると、**1棟所有も区分所有もメリットとデメリットがあり、一概にどちらの物件がいいのか、判断しかねることがあります。**ですので、必ず一度、何のために不動産投資をするのか、そもそもの目的に立ち返ることが必要になってくるのです。

1棟か区分か？

	1棟マンション・アパート	区分マンション
メリット	・自分の自由に管理・運営できる ・最後に土地が残るため、出口戦略の選択肢が広い ・部屋数が多いと空室リスク分散になる ・共同担保に入れ資金を引っ張ることができる	・建物保守・修繕面の管理運営が楽 ・都心部で好立地・高資産価値の物件が所有できる ・自己資金が少なくて済み、最悪の場合でも対応可能 ・金額が小さく換金性が比較的高い
デメリット	・災害・事件・事故など不測の事態における集中のリスクがある ・自己資金が多く必要 ・金額が大きいため換金性が低くなる ・建物管理の手間がかかる	・管理・運営方針の変更には、区分所有権者の合意が必要 ・1室のみ保有だと、収入はイチかゼロ ・ワンルームマンションはローンを組める金融機関が限定される

投資である以上、儲かればどちらでもいいが・・・

➡ 自分の資金力
ローンを引っ張れる属性（年収・連保等）を考える

5-10 物件選定のポイント

賃貸力の強い物件

　物件にはさまざまな種類があり、種類ごとにメリットとデメリットを上げていけばきりがありません。何を基準に物件を選ぶかといえば、その人の投資目的によります。ただし、**収益不動産を選ぶのであれば、物件選びの基本は、「賃貸力」の強い物件**ということになるでしょう。賃貸力の強い物件には、3つの特徴があります。

①空室が出にくい

　そもそも空室が出にくいという物件です。賃貸需要が旺盛な場所にあり、物件も小ぎれいで、設備もある程度揃っているという物件になります。そうした物件は、退去者が出にくいので、安定した家賃収入を得ることが可能です。

②空室になってもすぐ埋まる

　このような物件の立地も賃貸需要が旺盛なエリアであることが多いです。設備や構造的にも魅力のある物件なので、空室が出たらすぐ埋めるなど、管理会社もしっかりと管理を行っている物件でもあります。

③家賃の維持が可能

　家賃は需要と供給で決まります。その物件のエリアに賃貸需要を上回る物件が立っていれば、家賃は下がりがちです。しかし、賃貸需要が旺盛であれば、家賃は下がりにくくなります。将来的に家賃相場が下落しないようなエリアで物件を探すことが大切です。

　この3つの特徴を備えた、賃貸力の高い物件を選定することからスタートしましょう。

収支シミュレーションをしっかり行う

そして、物件選定後は収支シミュレーションを行います。収支シミュレーションでは、将来その物件で必要になるであろう修繕費用も含めて行います。キャッシュフローが残せるかどうかは、将来の修繕費用を含めるかどうかにかかっているので、確実に含めて計算することが重要です。入居率を変化させて、シミュレーションを行って確実にお金が残せそうだと確認できれば、自分の属性でその土地が購入できるのかどうかを確認しましょう。

また、同じエリアで目当ての物件と似ている物件があり、その物件がいくらで実際に売買されたかの事例があれば、それを参照するというのもよいでしょう。

物件の選定ポイント

①空室が出にくい
賃貸需要が旺盛な場所にあり、物件も小ぎれいで、設備もある程度揃っている。

②空室になってもすぐ埋まる
立地も賃貸需要が旺盛なエリアであることが多く、設備や構造的にも魅力のある物件。また、管理会社もしっかりと管理を行っている物件。

③家賃の維持が可能
家賃は需要と供給で決まる。賃貸需要が旺盛であれば、家賃は下がりにくくなる。将来的に家賃相場が下落しないようなエリアで物件を探すことが大切。

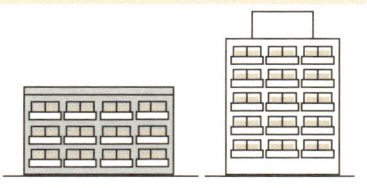

5-11 立地条件を調べる

入居者のニーズが揃う賃貸力の高い物件

　賃貸力が高い物件は入居者のニーズを満たす条件が揃っています。たとえば、最寄り駅からの距離が近いというのも賃貸力が高い物件の特徴の1つです。

　ところが、土地付きの建物を購入するとき、つまり1棟所有のアパートやマンションを購入するときには金融機関で評価が高い物件は正方形や長方形の形をしている「整形地」です。しかし、入居者にとってはその土地が整形地であろうが、なかろうが利便性が高ければ賃貸需要は高くなります。なので、土地の価値にこだわらずに、最寄り駅からなるべく近い物件を探すというのも賃貸力が高い物件を探すポイントになるでしょう。

　とはいえ、最寄り駅から近い物件がすべて賃貸力が高いかというと、そうとも限りません。というのは、線路の脇にあり、騒音が絶えないような物件であったり、幹線道路の正面で常に排気ガスが充満しているような物件であれば、単身世帯ならともかく、とてもファミリー向けの賃貸需要が高まるとは言えません。こうした物件はマイソク（販売図面）ばかりではわからないので必ず現地確認をすることが大切です。

物件の設備や立地をチェックする

　また、入居者を女性向けに限定してマンション、アパートを選ぶのであれば、周辺環境にさらに気を配る必要があります。最寄り駅からの距離だけでなく、駅からのルートも重要です。暗い道であれば、女性の入居者は嫌がります。また物件自体にもオートロックなどのセキュリティー設備もあったほうがよいでしょう。

　地方都市の郊外の物件では、最寄り駅からの距離よりも駐車場スペースを気にする入居者も多いと言われています。

5-11 立地条件を調べる

　また、日当りという要素も大きいと思います。日当りは駅から近ければ近いほど、採光が悪くなる傾向があります。そのため駅から近い物件を選ぶときには二者択一になる可能性が高いと言えます。特に単身世帯の場合は、日中、自分の住居にほとんどいない場合が多く、日当りが重要視されないこともあります。ところがファミリー向けであれば、日当りの問題が部屋選びに関わってくるのです。立地を検討するときには、どのような入居者が自分の物件に住んでくれるのかイメージしながら、物件の立地を選ぶことが必要になります。

　たとえば、ターミナル駅からであれば、ファミリー層よりも単身層が利用しやすいなどです。このように考えていくことで、賃貸力の高い物件を探し当てることが可能になるのです。

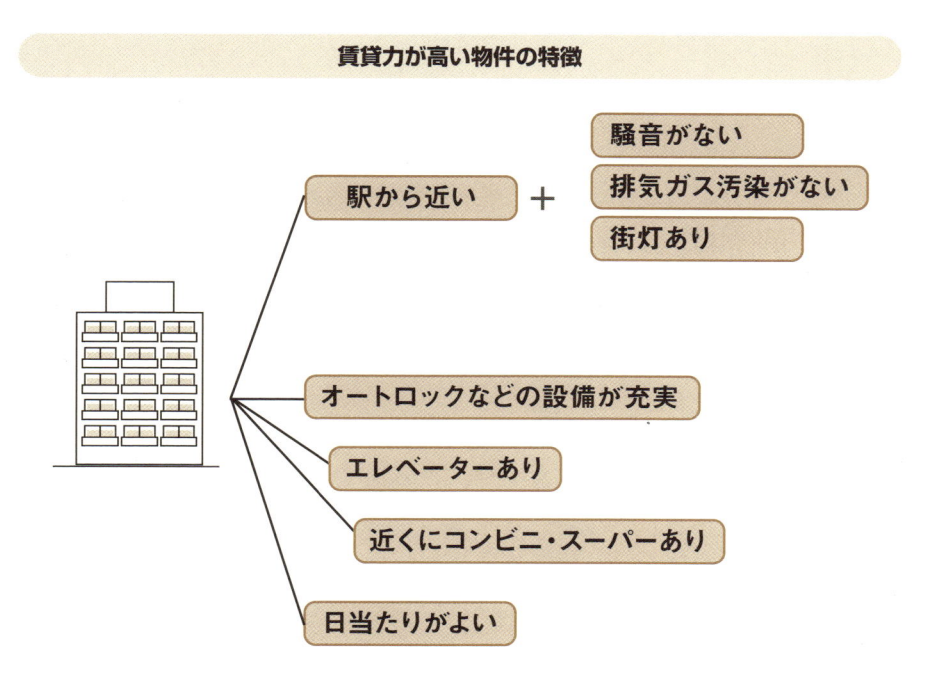

賃貸力が高い物件の特徴

- 駅から近い ＋
  - 騒音がない
  - 排気ガス汚染がない
  - 街灯あり
- オートロックなどの設備が充実
- エレベーターあり
- 近くにコンビニ・スーパーあり
- 日当たりがよい

5-12 建物は構造で選ぶ

新築か中古か

　実際にインターネットなどで調べると、新築から中古までさまざまな収益不動産があることがわかります。不動産会社の担当にも、中古物件よりも新築物件のほうが、賃貸力が高く、すぐ空室が埋まるなんて話を聞かされることもあります。もちろん、自己資金が多く、融資枠が大きく取れるのであれば、新築物件もいいかもしれません。特に空室リスクを分散できる1棟所有の新築物件であれば、退去者もそんなに多く出ないため、着実に家賃収入を得ることができます。しかしながら、多くのサラリーマンが、新築物件の1棟マンションを購入できるほどの資産を持ち合わせていないケースがよく見られます。

　新築物件の価格が高くなりがちなのは、新築というプレミアムが価格に乗っかっており、周辺相場に比べて販売価格が割高になりがちなのです。

　新築は確かに集客力が非常に高く、修繕費がほとんど発生しないので魅力的なのですが、どうしても希望の物件が見つからない場合には、建物の構造に目を向けて中古の物件も選択肢に入れるということも考えてみましょう。

　中古の物件のメリットもいろいろあります。まず新築物件よりも価格が安く、利回りが高いということ。現状を見ることができます。また、新築に比べて購入時の諸経費を抑えることもできますし、実際に入居者がいるので賃料も明確です。ところが新築ですと入居者が実際にいない状態で賃料を設定したりするので、実際に募集をかけると賃料が想定賃料よりも大幅に下がるということがよくあるのです。

　もちろん、中古物件にもデメリットが存在します。修繕リスクが高いということと、銀行からの融資がなかなかおりないということもあります。また、同立地の新築、築浅物件よりも集客が難しいということもあります。

構造で選ぶ

　金融機関から融資を引くためには、建物の構造は鉄筋コンクリート造（RC造）が長めのローンを引くことができるので、有利です。ただし、金融機関によっては木造や鉄骨造（S造）でも融資期間を長くしてくれる場合もあります。しかし、どれでもいいわけではありません。ポイントは新耐震以降の物件を選定するほうが良いと思います。
　いずれにしろ中古物件を選ぶときには、築年数や構造にもよく注意をして選定することが大切になります。

新築・中古のメリット・デメリット

新築物件のメリット
- 入居者が決まりやすい
- 当面は修繕がほとんど発生しない
- ローンが出やすい（銀行の評価が高い）
- 最新の設備が揃っている

中古物件のメリット
- 新築物件よりも利回りが高いことが多い（安く買える）
- 物件の現況が確認できる
- 物件の場所をある程度選べる

新築物件のデメリット
- 価格・家賃設定が高い場合がある
- 未完成の場合、引渡しまでに満室になるかわからない
- 都心部の好立地な場所では、売り物件数が少ない

中古物件のデメリット
- 修繕のリスクが高まる
- 銀行から融資が難しい場合が多い
- 同立地の新築・築浅に比べて客付けが難しい可能性がある

5-13 建物の室内設備について

どんな設備が必要なのか？

　室内設備も入居需要を高める1つの大きな要素となります。リクルートと住環境研究会が共同で編集した「第5回首都圏賃貸住宅市場における入居者ニーズと意識調査2009」によると、**第1位に絶対欲しい設備として「備え付けエアコン」（68.2％）**が挙げられています。やはり、エアコンを自分で設置するとなると、3万円から5万円ほどの設備費用がかかるので、住居に付いていた方がいいと考える人が多いのかもしれません。2位は「バス・トイレ別」（61.3％）です。不人気設備としてバス・トイレ・洗面所が一緒になっている3点ユニットバスが挙げられます。3点ユニットバスは、入居需要を下げる要素になってしまうので、気をつけましょう。

　3位は、「ガスコンロキッチン」（45.6％）、4位は「健康害なし素材」（45.3％）、5位は「2階以上」（32.6％）と続きます。

ターゲットとする入居者によってもニーズが異なる

　また、単身者層とファミリー層で若干、要求される設備も異なってきます。たとえば、先ほどの順位は単身者層とファミリー層合わせた全体の統計値ですが、**ファミリー層では、第1位に「バス・トイレ別」（85.0％）**、2位に「独立洗面台」（56.2％）、3位に「健康害なし素材」（52.3％）、4位「エアコン」（51.3％）、5位に「ガスコンロキッチン」（47.4％）と続いています。家族一人ひとりのプライバシー尊重のために、設備が分かれていたほうがいいという配慮から来るニーズだと思います。

　また、最近はオートロックや防犯カメラ付き、ピッキング対策鍵など、防犯面に関する対策が取られている物件に人気があります。特に女性の入居者をターゲットとするのであれば、これらの設備を重視するということも必要かもしれません。特に女性の入居者の場合、入居者自身が払うので

5-13 建物の室内設備について

はなく、家族が家賃支払者となるケースが多いので、多少家賃が高くても入居したいという人もいることは事実です。ただし、一般的な考え方では、いくら設備がよくても家賃が高過ぎてはなかなか入居が決まらないということもあります。家賃と設備のバランスこそが重要なのです。

設備コストを下げるためには、自分で設備の手配を行って作業を業者にやってもらうということもあります。いろいろ工夫してみるとよいでしょう。

入居者はどんな設備を求めているのか？ *

第1位　備え付けエアコン　68.2%

第2位　バス・トイレ別　61.3%

第3位　ガスコンロキッチン　45.6%

第4位　健康害なし素材　45.3%

第5位　2階以上　32.6%

* （出所）21C 住環境研究会及び株式会社リクルート SUUMO「第5回首都圏賃貸住宅市場における入居者ニーズと意識調査 2009（全体調査）」より

5-14 今後の不動産投資の環境

都市部への人口集中と賃貸需要の増加

　本書の冒頭にも書きましたが、現在、日本は少子高齢化が先進国のなかでも最も急速に進んでいる国として知られています。そのため、今後の賃貸需要がどこに生まれるのかということをある程度、予測しながら物件を購入しないと、過疎化が最も進んでいるようなエリアに購入してしまうことにもなりかねません。賃貸需要がないところに不動産を購入しても家賃収入を得ることはできません。では、将来の人口動態はどうなっていくのでしょうか？　そうしたことを考えることも重要なことなのです。

　まず、女性の晩婚化、晩産化によって単身世帯が増えることはすでに予測されていますし、実際にそうした世帯が増えていることが統計上明らかになっています。単身世帯の居住形態が増えるということはほぼ確実のようです。

　次に可処分所得の低下によって、持ち家率は低くなる傾向があります。賃貸需要が増えるのでマンションやアパートを利用する人が増えるという予測もなされています。また、都心回帰や三大都市への人口の集中が予測されています。

　ここから判断すると、三大都市圏の物件で、単身世帯の賃貸需要が増えるということがわかっています。

　ただし、2007年より施行されたワンルームマンション建築規制によって、ワンルームマンションの投資物件は2011年で2007年の3分の1まで減少しています。三大都市圏でもワンルームマンション建築規制の及ばない郊外での賃貸需要が高まるかもしれません。

5-14 今後の不動産投資の環境

人口動態を調べて、賃貸需要を予測する

こうした人口増減についてのデータは市区町村のホームページで確認できるほか、「国立社会保障・人口問題研究所*」のホームページからでも、各都道府県、市町村別の将来推計人口を見ることができます。

また、駅別の乗降客数を調べるのも重要です。駅別の乗降客数は各電鉄会社のホームページを確認することでわかります。だいたい5万人以上の乗降客がいれば不動産投資に向いているといわれているので、参考にしてみて下さい。

人口動態を把握する

単身世帯が増える
女性の晩婚化、晩産化によって単身世帯が増えることが予想されている。

持ち家率は低くなる
可処分所得の低下によって、持ち家率は低くなる傾向がある。賃貸需要が増えるのでマンションやアパートを利用する人が増えるという予測がされている。

人口の集中
都心回帰や三大都市への人口の集中が予測されている。

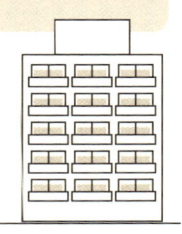

↓

三大都市圏の物件で、単身世帯の賃貸需要が増えるということがわかっている。

* http://www.ipss.go.jp/

5-15 東日本大震災後の動き

都市から地方への人口増

　将来的な潮流として、人口偏在と三大都市圏への人口集中という流れは、変わらないものの、2011年3月11日に起きた東日本大震災の影響で、都市から地方へという人口の流れが活発化していることは確かです。

　いつ自分が同じ目に遭ってもおかしくない。それならばわざわざ郷里や親から離れた場所に住むのではなく、なるべく実家から近くの場所に住んで、郷里の復興などに力を注ぎたいとする人たちが増えているようです。

　総務省の人口移動報告によると2011年3月～11月までの間で、都道府県に住民票を移した人は、2010年の同時期と比べて、0.5％増加しています。それまで都道府県の移動は2010年まで15年間連続で減っていたのですが、東日本大震災によって、郷里への人の移動が活発化しました。

　各地域の動向を見ると、首都圏の人口が減少する一方で、北海道や九州、沖縄といった人気の移住地への移動が増えているといいます。また東日本から西日本への移住も活発になっています。島根県が2011年に東京で開いた移住相談会には、2010年よりも100人ほど多い人数が集まったといいます。大震災を目の当たりにして、都市災害のリスクを知った人たちが移住を決断したと研究機関は分析しています。

Uターンニーズをうまく捉える

　今後もこの潮流が続くかどうかは保証の限りではありませんが、過疎化した地方でも賃貸需要が増える可能性があります。ただし、古い物件のままで入居需要が高まるかというと、そうではありません。**都市に住んでいた人間が地方に移動しているという現象が起きているので、リフォームや設備なども充実させる必要が出てくるでしょう。**

　これらのニーズをうまく捉えて賃貸経営をする必要があるでしょう。

5-15 東日本大震災後の動き

トレンドを見極める

　いずれにしろ不動産投資では短期的な人口移動に左右されずに、長期的なトレンドやライフスタイルの変化などを見ながら、賃貸需要を予測して投資をすることが大切になります。そこで出てくるキーワードはやはり「コンパクト化」ということでしょう。これから本格的な人口減社会を迎えるにあたり、単身者世帯が賃貸需要の主役になることは間違いなさそうです。たとえば、東京の総人口は今後も増えていくことが予想されていますが、その増加幅は徐々に縮小するといわれています。人口増のピークは2020年で、そこから人口減に転じるとされています。賃貸需要のマーケットが縮小するなかで、どんな需要が残るのかを見極める目は大切です。

東日本大震災後の人口の動き

東京圏と名古屋及び大阪圏との間の転入・転出の状況＊
（平成22年3～5月期～平成24年3～5月期）

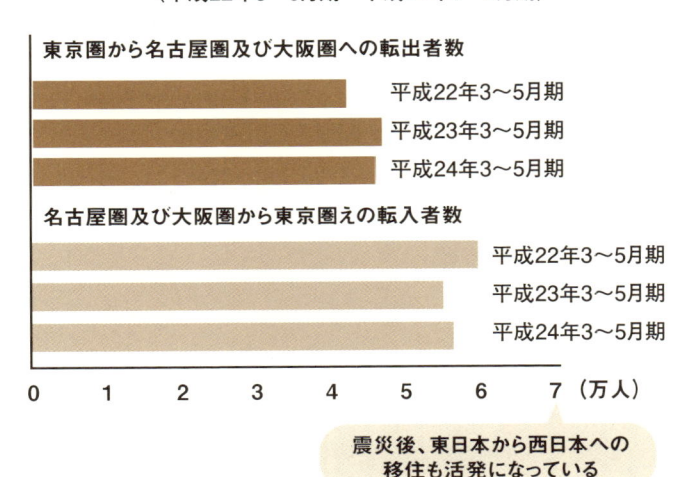

東京圏から名古屋圏及び大阪圏への転出者数
- 平成22年3～5月期
- 平成23年3～5月期
- 平成24年3～5月期

名古屋圏及び大阪圏から東京圏えの転入者数
- 平成22年3～5月期
- 平成23年3～5月期
- 平成24年3～5月期

0　1　2　3　4　5　6　7　（万人）

震災後、東日本から西日本への移住も活発になっている

＊（出所）総務省「東日本大震災発生から2年目の人口移動の状況「住民基本台帳人口移動報告」平成24年3～5月期結果から―（3大都市圏）」より

5-16 物件購入のタイミング

いつ購入すべきか？

　物件が絞り込めて来たら、いよいよ買い付けということになりますが、その前に、不動産の物件購入のタイミングについて紹介しておきましょう。

　不動産を取得するには、融資、物件、資金力、この3つのうち、どれかが欠けてしまっても物件を購入することができません。一般的に経済不況になれば、土地の価格も下がっていきますが、銀行も融資を引き締めるため、自分の手元に現金がなければ新しい物件を購入することはできません。しかし、銀行の融資が比較的、緩くなる好況期を狙うとなると、その物件を狙おうとするライバルが増えてこれまた購入することができなくなります。**物件購入のタイミングは、最安値で購入しようと考えるのではなく、自分の投資目的に沿った物件なのかどうかをその時々で見極めてから購入する**というのがポイントになります。

不動産を購入するための見聞を広める

　このように他の金融商品と異なり、不動産投資においては、買い時を見極めるというのは、なかなか難しいといえるでしょう。だからこそ、周りに流されたり、不動産会社の言葉に惑わされたりしないで、自分はどういう物件に投資したいのかという投資目的をハッキリさせることが重要です。

　そして投資目的をハッキリさせた上で、知恵を磨くことが大切です。一番いいのは経験者や専門家に話を聞くということです。たとえば、優秀な不動産コンサルタントのセミナーを受けに行ったり、不動産投資を行っている経験者に話を聞いたりして、学びの機会を増やすということも大切です。不動産投資に成功するためにも購入時で失敗しないようにしなくてはいけません。

価格交渉について

物件を購入する際には、売主に買い付け申し込みをしてから、価格交渉を行わなければいけません。売主との買い付け申し込みの方法は融資との関連が大きいので第7章を参照してください。価格交渉は、売主の希望価格に対して、積算評価方法（詳細は7-10で紹介します。）で購入希望物件の価格を算出して、それを参考にしながら、購入したい金額を決めます。

事前に担当者には他の購入希望者の買い付け状況と価格を確認しておきます。買い付け金額は購入希望金額よりも低めに出して、相手と交渉をします。交渉がうまくいけば、購入することができます。

物件購入のタイミングとは？

底値を狙ったとしても、資金力がないと取得は難しい

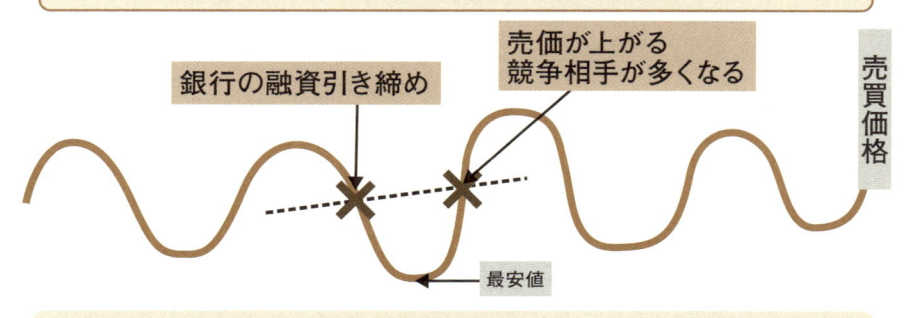

- 銀行の融資引き締め
- 売価が上がる 競争相手が多くなる
- 最安値
- 売買価格

・不動産は融資、物件、自己資金の何か1つでも足りないと取得できない
・不況下では融資が厳しい→資金力が必要
・自分がどの位の融資が受けられるのかを把握する
・底値を狙うのではなく、自分にとって良い物件だと思えるかどうかが大切

5-17 不動産投資がうまくいかない人

不動産投資に失敗する2つのタイプ

　私のところにもサラリーマン大家さんになりたいという人が連日、たくさん来られるのですが、そのなかでどうしても失敗してしまう人がいることがわかってきました。不動産投資で成功したいのであれば、なぜ失敗してしまうのかという原因を知ることも大切です。私が見てきた不動産投資がうまくいかない人は、次の2タイプに分かれます。

①不動産を買う前に失敗する人

　そもそも収益不動産を購入できないという人です。なぜ物件を購入できないのでしょうか？　実は個人の属性が悪いわけでも、優良物件がないわけでもないのです。では一体、何が問題なのかといえば、その人の性格にあります。

　自分が理想とする完璧な物件がなければ、ダメだという人は、その夢の物件を探すために奔走してしまいます。しかし、世の中には自分の都合の良い物件は必ずしもないのです。せっかくよい物件が見つかったとしても、買わない理由を探し出し、もっといい物件が出るのではないかと考えて買えなくなってしまうのです。それでは不動産投資をしてもうまくいきません。

　ある程度のところで妥協をして、物件を選定するということも大事です。細かいところばかりに目をつけていたら、失敗をしてしまうので気をつけましょう。

　また、同様に決断力がなかったり、対応が遅かったりする人も失敗する人の典型です。どんな物件が買いたいのかわからない。希望する物件情報を流したのになんの音沙汰もないでは、不動産会社が困ってしまいます。そして不動産会社に対して横柄で任せっぱなしの人もうまくいきません。

横柄で任せっぱなしの人は、不動産会社に騙されてしまったりする人も少なくありません。

②不動産購入後に失敗する人

不動産を購入後に失敗する人は、見通しが甘い人が多いです。管理状況や修繕履歴を考慮しないで物件を購入した人が、突発的に発生するリフォーム代出費や家賃滞納などの不良入居者に悩まされ、日々のキャッシュフローが悪化し、破たんするというパターンです。買えるから買ったではなく、物件の管理状況や修繕状況などもきちんとチェックしてから購入するようにしましょう。

また不動産投資はサービス業であるということを理解してない人も失敗しやすいと思います。賃貸需要を高めるためには、絶えず自分の物件の魅力を高めていかなければいけません。しかし、サービス業ということを意識しなければ、そういう考え方自体生まれてきません。**サービス業であることを意識することが不動産投資を成功させる近道でもあるのです。**

不動産投資がうまくいかない人

なかなか買えない人
- 完璧な物件を望む人
- 細かいことにこだわりすぎる人
- 決断が遅い・行動力がない人。
- 業者をパートナーとして扱えない人（横柄、任せっぱなし）

買った後失敗する人
- 管理状況や修繕履歴を考慮しないで買った人
- 収支計画が甘い人
- 賃貸経営はサービス業であることを理解していない人

5-18 成功した不動産投資家①
― 年収700万円、Aさんの場合 ―

キャッシュフロー毎月20万円を目指す

　ここで私が実際にコンサルティングを行ったサラリーマン大家さんのエピソードを紹介しましょう。

　Aさんは、一部上場企業の課長で年収700万円。未婚の方です。将来の収入源に対する不安から不動産投資に興味を持ちました。Aさんの自宅は賃貸マンションで住宅ローンもまったくありませんでした。Aさんの金融資産は預貯金で100万円しかありませんでしたが、個人属性がいいというのがポイントでした。Aさんは毎月の給料の半分のキャッシュフローを不動産投資で何とか得られないかと考えました。そこで私のところには、5000万円程度の中古のアパート物件がないかと相談に来たのです。5000万円の中古アパートであれば、表面利回りで4%～5%ぐらいの物件があれば、毎月20万円のキャッシュフローを生み出せると考えたわけです。

　Aさんの本気度も伝わってきましたし、確かに預貯金はないものの、個人属性の良さがあるので、何かご提案できるのではないかと私は考えました。そこで実際に私が取り扱っている物件や過去の経験からキャッシュフローの計算を行いました。ところが、5000万円程度の中古のアパートでは目標のキャッシュフローに届きません。もちろん、単純計算をすれば届きますが、ローン返済や管理費などを差し引かれると手元にはそんなにお金が残らないのです。そのことをAさんに伝えましたが、億を超えるような借金はできないという固い意志がありましたので、何とか作戦を練り直しました。

中古の区分所有マンションを提案

　そこで、中古の高利回りの区分マンションとセットで購入を提案してみました。通常は、5000万円の物件を購入した場合、少なくとも数年はアパー

5-18 成功した不動産投資家① ― 年収700万円、Aさんの場合 ―

トローン（住宅以外の賃貸用のマンションやアパート、賃貸用の店舗等の不動産に対するローンのこと。詳しくは7-1で説明します。）が出ないというのが通説ですが、金融機関によっては返済原資の考え方が区分所有と一棟所有でしっかり分けられている金融機関もあります。そのため、区分所有のマンションを2つ購入してもらい資産を増やしつつ、最後に一棟所有で5000万円の木造アパートを購入していただきました。現在は満室想定で毎月20万円のキャッシュフローを実現しています。

　Aさんが成功した要因は、**目標に対してしっかりとした不動産投資戦略を立てていたこと**にあります。戦略なく闇雲に投資を始めた場合、遠回りをする可能性が高くなってしまいます。また区分所有と1棟所有を組み合わせるのには融資の知識も必要です。ですので、不動産エージェント選びも重要になります。

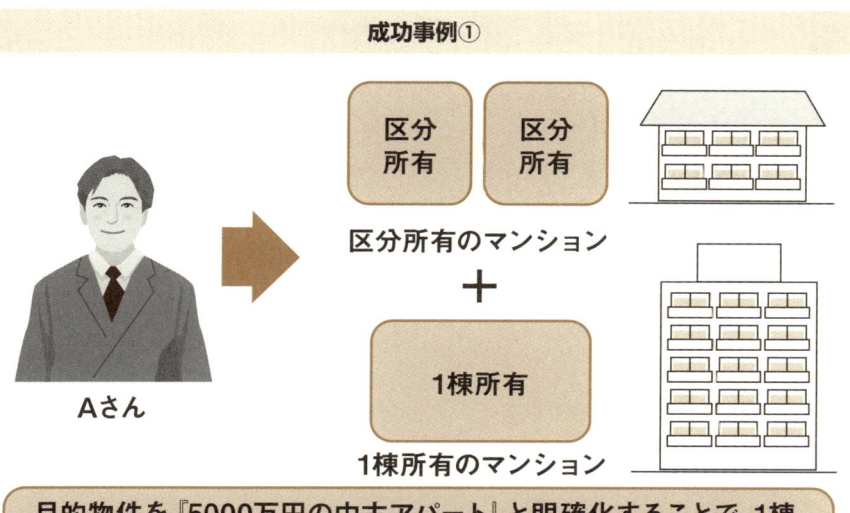

成功事例①

区分所有のマンション（区分所有 × 2）
＋
1棟所有のマンション（1棟所有）

目的物件を『5000万円の中古アパート』と明確化することで、1棟所有を1棟と区分所有を2部屋組み合わせで持ち、キャッシュフロー毎月20万円を達成

5-19 成功した不動産投資家②
― 年収800万円、Bさんの場合 ―

2億5000万円のRC造の物件取得に成功

　Bさんは年収800万円の某運送会社の社員さんです。奥さんと子どもが1人で幸せな家庭を築いていました。しかし、Bさんは35歳を過ぎたときに、体力的に現在の仕事を続けられるかどうか不安を抱きました。そこで、不動産投資をスタートしようと考えました。

　私はBさんとじっくりと話し合いの機会を持ち、具体的にどのような投資目標を持っているのかを確認しました。するとBさんの目標は「個人年金代わりに不動産投資をしたい。ただ、今の給与水準で得られる生活レベルを落としたくない」ということでした。そのためには月50万円のキャッシュフローが必要で、少なくとも2億円ぐらいの物件が必要でした。

　通常、融資は年収の10倍というのが一般的な目安です。うまくいって1億円、あるいは1億5000万円程度の融資が限界です。ただし、この方は、ほぼ2億5000万円の借入に成功しました。既存商品のアパートローンで条件をゼロの状態からつくっていく**プロパーローン**（既存の融資商品ではなく、金利や借入期間などを銀行と協議しながら定めるローンのこと）で融資を引くことができました。実は金融機関は画一的な決まりのなかで融資審査をしているのではなく、柔軟に物件や属性を判断しているのです。

なぜ融資を引き出せたか？

　銀行もビジネスです。一般企業と同じように融資担当者には予算があり、常に数字を追っているのです。そこを利用すると、こういった大きな物件取得が可能になります。ポイントは、その銀行がどういった基準で融資判断をするのかを知っておくことです。もちろん嘘はダメですが、嘘のない範囲でしっかりとしたストーリーをつくることが大事です。

　銀行の担当者も社内の審査部への営業があります。**審査部への営業がし**

5-19 成功した不動産投資家② ― 年収800万円、Bさんの場合 ―

やすいように資料やストーリーを構築してあげることもとても重要になります。

ちなみに、この物件は、積算評価が売価よりも高かったので、購入して2年後、さらにそこを担保に8000万円の物件を購入することに成功しました。

Bさんはマンション購入後、3年間で得たキャッシュフローを全額貯金に回し、減価償却費用から得た還付金をも貯蓄していました。その貯蓄の頭金を利用して、8000万円の物件を購入することに成功したのです。月50万円のキャッシュフローを目指していたBさんももう少しで目標を達成される見込みです。

成功事例②

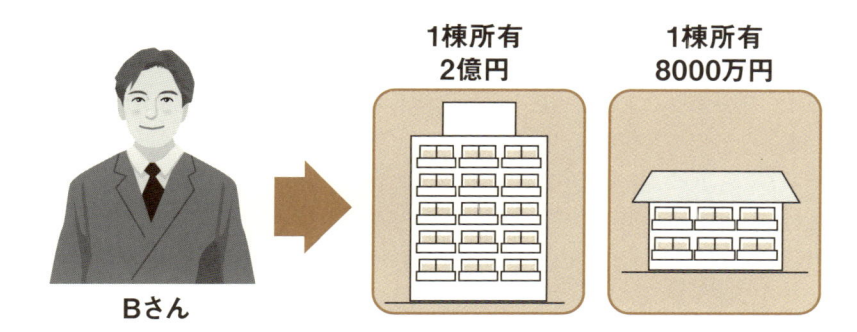

Bさん → 1棟所有 2億円 / 1棟所有 8000万円

融資に詳しい不動産会社に相談することで年収の30倍の融資をまとめる

積算評価が高い物件だったので、担保評価を上げて、新しい物件の購入の担保とする

Column

海外の不動産事情

　将来予想される人口減による賃貸需要の低下によってもたらされるリスクを減らす方法はさまざまありますが、海外不動産に投資をするという方法も考えてみてはいかがでしょうか？

　高級リゾート地のハワイの不動産、コンドミニアムを狙ったりするのも面白いかもしれませんし、成長著しい新興国に投資するのも面白いでしょう。

　先進国はこの先、土地の価格が急激に上がることはありませんが、新興国はこれから上がるしかありません。特にアジアの新興国は魅力が一杯あると思います。

マレーシア

　日本人の永住先として人気があり、シンガポールに隣接しています。気候もおだやかです。マレーシアとフィリピンのみ、プレビルド（建築前購入）という買い方が可能です。主に投資というよりは、永住目的で不動産を購入する人が多いです。

アメリカ

　日本の不動産は法定耐用年数から経過年数を引いたもので償却期間が決まりますが、アメリカの中古物件は一律5年の償却が可能です。建物の償却に対する概念が違います。ですので、節税のためアメリカの不動産を購入する方も多いです。

モンゴル

　利回りがまだまだ高いというのが特徴です。平均して年率14％前後の物件が多いといわれています。ただし普通預金も年率13％ぐらいなのでインカム狙いであれば、不動産を購入する必要はありませんね。賃貸という概念がまだなく、今のところ転売目的で購入される方が主流となります。

シンガポール

　利回りは日本より悪いです。また物件自体が高額で手を出しにくいというのが特徴です。特にシンガポールの南に位置するセントーサ島は超富裕層向けで10億円単位になります。

　東京、特に都心部はやはり地価が高く利回りが高い物件がありません。しかしそんな東京も世界的にみれば、割安なのはごぞんじですか？　たとえば、東京は1等地であっても4％前後の利回りが売りに出ていますが、香港やシンガポールは1％前後の世界です。新興国では、ミャンマーのヤンゴンやバングラディッシュも同様です。特にバングラディッシュは昨今、利回り1％以下の物件すらあるぐらいです。中国人や台湾人も自国の不動産では旨みがないということで、日本の不動産を買ったりしています。

第6章

投資する物件を選ぶ　応用編

　前章まではさまざまなパターンから投資する物件を選定していましたが、この章からは本格的に売買契約に向けて、マイソク（販売図面）の見方、現地調査方法、土地や建物に関する知識など、より実践的な内容について紹介していきたいと思います。

6-1 販売図面（マイソク）の見方

マイソクとは何か？

　マイソクとは、物件の概要、間取り図、地図などをまとめた販売図面のことをいいます。不動産会社は、このマイソクを元にして広告宣伝用のチラシをつくっています。物件を探すときはまずマイソクでざっくりと判断をして、そこから物件調査に訪れるケースが多いのですが、**マイソクの見方を間違えると、収益を生み出す不動産はなかなか見つからないので、気をつけましょう。**

　では、収益物件を見分けるマイソクの見方を紹介しましょう。ポイントは大きく分けて7つになります。

マイソクを見るときの7つのポイント（1棟所有のケース）

①価格

　マイソクに書かれている価格は、諸経費を抜いた価格です。諸経費とは、前述しましたが仲介手数料、印紙税、司法書士手数料、登録免許税、不動産取得税などです。表示されている価格の7〜9％ぐらいが余分にかかると考えてよいでしょう。

②駅からの距離

　マイソクに書かれている駅からの距離は毎分80秒です。たとえば、徒歩3分と表示されている場合、徒歩3分×80秒で240秒。これを分単位に直すと4分と出ます。すなわち、実測で4分ぐらいかかると考えていいでしょう。

③土地の権利

　ローンを組む場合はなるべく所有権を選ぶようにします。土地の権利に

は所有権と借地権があります。**所有権**とは購入すれば土地は購入者のものになる権利ですが、**借地権**は土地の所有者に対して使用料として毎月地代を支払う必要があります。銀行の融資姿勢としては、借地権より所有権を好むので所有権を選ぶようにしましょう（区分所有では、もちろん土地はついてきません）。

④建物の構造

　ローンの借入期間は建物の構造に応じて決められています。借入期間が変わる理由は建物の構造によって定められた減価償却の年数に基づいて決められているからです。当然、築年数も返済期間やローンの金額に影響を与えます。

⑤管理について

　備考欄などに管理条件付きと記載されている場合は、この物件の管理会社が決められていることを表しています。

⑥月額想定賃料

　月額想定賃料とは、1ヶ月に得られる満室時の賃料のことです。確定ではありません。そのため、想定賃料が購入後変わることもありますし、下がる可能性は多いにあります。また、想定賃料から算出された想定賃料利回りも同じように変更される可能性があります。

⑦建ぺい率、容積率、用途地域

　建ぺい率とは、敷地面積に対する建築面積（建坪）のことです。容積率とは敷地面積に対する延べ床面積のことです。建ぺい率や容積率が最も大きい用途地域を商業地域といいます。商業地域にある物件は一般的に銀行が好む物件であるため融資が降りやすい物件といえます。
　これら7つの点に注意しながら物件を選定していきましょう。

6-1 販売図面（マイソク）の見方

マイソクの見方

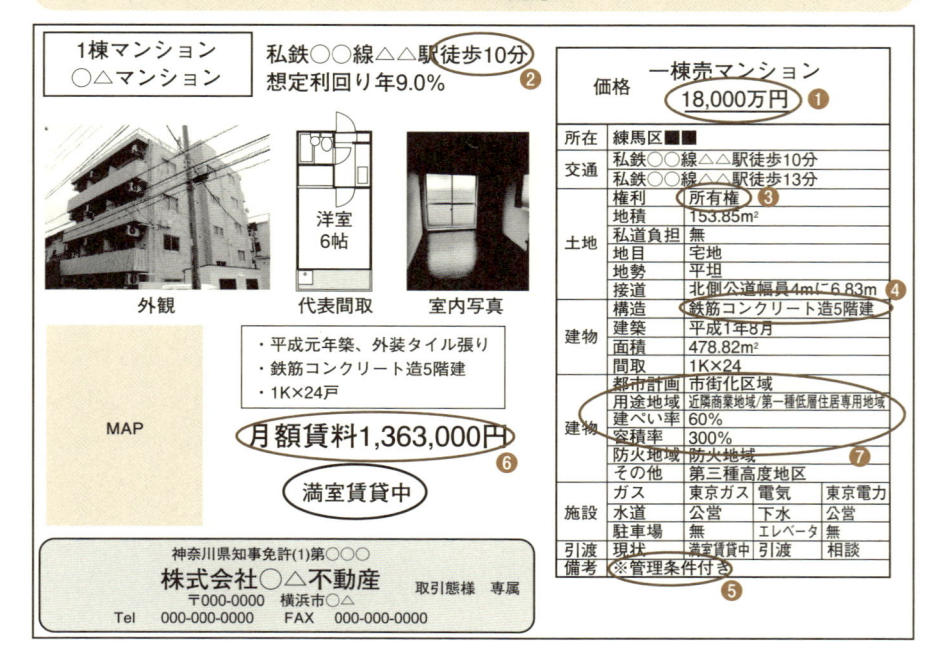

	一棟売マンション
価格	18,000万円 ①
所在	練馬区■■
交通	私鉄○○線△△駅徒歩10分 私鉄○○線△△駅徒歩13分
土地	権利　所有権 ③ 地積　153.85m² 私道負担　無 地目　宅地 地勢　平坦 接道　北側公道幅員4mに6.83m ④
建物	構造　鉄筋コンクリート造5階建 建築　平成1年8月 面積　478.82m² 間取　1K×24
建物	都市計画　市街化区域 用途地域　近隣商業地域／第一種低層住居専用地域 建ぺい率　60% 容積率　300% 防火地域　防火地域 ⑦ その他　第三種高度地区
施設	ガス　東京ガス　電気　東京電力 水道　公営　下水　公営 駐車場　無　エレベータ　無
引渡	現状　満室賃貸中　引渡　相談
備考	※管理条件付き ⑤

1棟マンション ○△マンション

私鉄○○線△△駅徒歩10分
想定利回り年9.0% ②

・平成元年築、外装タイル張り
・鉄筋コンクリート造5階建
・1K×24戸

月額賃料1,363,000円 ⑥

満室賃貸中

神奈川県知事免許(1)第○○○
株式会社○△不動産
〒000-0000　横浜市○△
Tel 000-000-0000　FAX 000-000-0000
取引態様　専属

マイソクに書いてある情報

　不動産会社は、自社物件をマイソクに記載して、近隣の不動産会社に広く流通させて、客付けのスピードを上げるのです。いわば、マイソクは一種の販促ツールということもいえると思います。ただし、マイソクに書かれた情報というのは、販促用にかなり限定された情報であったり、誇張された情報であったりする場合が多い傾向にあります。

　たとえば、価格にしてもそうです。マイソクに書かれている価格は諸経費抜きの価格ですから実際に購入する際には、もっとお金が必要になります。

　また、駅からの距離にしてもそうでしょう。実際に歩いてみるとマイソクに書かれている時間よりももっとかかってしまったり、物件にたどり着くまでに坂があったり、急な階段があったりして、物件までの所要時間がかなりかかる場合もあります。

そこで、マイソクに書かれた情報だけを鵜呑みにせず、マイソクに書かれた情報を調べたり、聞いたり、現地調査に行ったりしてマイソクに書かれていない情報を入手して自分の投資目的に合った物件を選ぶのです。

マイソクは不動産会社から取り寄せる

　マイソクは不動産会社に問い合わせて取り寄せます。自分の投資目的に沿っていて、希望条件に近い物件を選別して、不動産会社に連絡し、マイソクを取り寄せます。インターネットで問い合わせ先を調べて、連絡は電話で問い合わせることが重要です。不動産会社の中にはまだまだアナログな会社も多いので、電話で連絡を取るのが一番良いでしょう。マイソクの取り寄せでは、物件の情報（駅から徒歩何分、物件価格）を連絡し、FAX番号を伝え、マイソクを送ってもらいます。マイソクを取り寄せて気になったところは、不動産会社に問い合わせましょう。

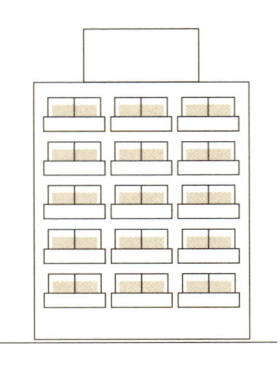

6-2 所有権と借地権

所有権付きの物件を狙う

　1棟所有の場合は、土地付きの建物になるので、資産評価の際、土地と建物に分けて評価されます。土地と建物がどのように評価されるのか、物件選定の際にさまざまな資料で必ず触れられるので、知識として覚えておいた方がよいでしょう。ここでは最低限覚えておいた方がいい知識を紹介したいと思います。

　前述した通り、土地の権利は「所有権」と「借地権」の2つに分かれます。**所有権**は土地を購入すれば発生する権利で、土地は自分のものになります。**借地権**は、地主から土地を借りて使用する権利になります。借りるわけですから毎月地代を地主に支払わなければいけません。その一方で、所有権で購入するよりも安く購入できますし、土地を所有しているわけではないので、固定資産税・都市計画税の税金を支払う必要もありません。ただし、借地権の物件の場合は、銀行が敬遠する物件でもあるので、なかなか融資が降りにくいというデメリットが存在します。

「再建築不可」の土地かどうかもチェックする

　土地のなかには「再建築不可」という土地もあるので気をつけましょう。**再建築不可**という土地は、現状の建物を壊した際に、新たに建物を建てられない土地のことをいいます。たとえば、接道義務に違反している土地などです。接道義務とは、土地建物の敷地は幅4m以上の道路に幅2m以上接道していなければならないという義務のことです。それに違反している場合は再建築不可になります。よくある事例が、幅4m以上の道路に接している道路が幅2m以下という場合です。この場合、隣接する土地を購入して接道している道路幅を増やすということで再建築を認められるケースもありますが、余計にコストがかかってしまいます。そして、再建築不可

の物件は一般的にローンは降りません。

また、接道義務は果たしていても間口が狭く、奥が広いような土地は、**路地状敷地**といい、自治体がさまざまな制限を設けており、好きな建物が建てられないという制約があります。

再建築不可、路地状敷地は価格が安く、高利回りが期待できるように見えますが、ローンが降りなかったり、建て替えができなかったり、売りづらかったりするので、注意が必要です。

所有権と借地権

所有権

オーナー　→直接購入→　土地

メリットは、売却や贈与、相続がしやすく、ローンも利用しやすいこと。
その反面、固定資産税などの税金を毎年支払う必要がある

借地権

オーナー　←地主から借りる←　地主
　　　　　　　土地

所有権に比べ安価で手に入れやすいが毎月地代を支払う必要があり、ローン利用が難しい

6-3 土地の価格と用途地域

路線価とは？

　土地の価格には路線価という基準があり、路線価と周辺状況を参考にして算出されています。

　路線価とは主要な道路に面した土地の税務上の評価額を $1m^2$ の単価で表したものです。毎年1月1日時点の地価を不動産鑑定士などが、評価して、国土交通省が3月末頃に発表する公示地価の8割の水準を目安に専門家が評価します。こうして、路線価が決まり、国税庁が毎年夏頃に発表することになっています。路線価は相続税や贈与税の算出時の基準としても活用されています。

　なお、路線価は国税庁のホームページの「財産評価基準書　路線価図・評価倍率表*」で誰でも簡単に調べることができます。利用するときには最新年度のものを利用しましょう。

　路線価は商業地域や住宅地域などの用途地域や道路の形状によって異なり、近隣の道路でも価格が違います。

　土地の価格を知る場合には、路線価に土地の面積を掛ければ、誰でも簡単に算出することができます。路線価が表示されていない土地もありますが、その場合は路線価がある道路に面している土地よりも評価額が低いと考えるとよいでしょう。一般的に路線価が高く、土地の面積が広い場合、また土地の形状がよい場合などに土地の値段が高くなります。ただし、路線価で算出した土地の価格はあくまでも目安です。たとえば、銀行が土地を評価する際には、路線価から求めた価格で評価はしません。土地の形状によって掛け目といわれる係数を掛けて算出するからです。この方法を積算評価といいますが、詳細は7-10で紹介します。ですので、路線価はざっ

* http://www.rosenka.nta.go.jp/

くりとした土地の値段を知る際に活用しましょう。

用途地域とは？

用途地域とは都市計画法の地区地域の1つで、住居、商業、工業地などの市街地の土地利用を大枠として定めるものです。土地の利用用途の混在を防ぐために儲けられています。用途地域には、第一種低層住居専用地域など12種類の用途地域があります。用途地域が指定されると、建ぺい率や容積率、高さ制限などがその用途地域に従って決められます。

たとえば、商業地域は商業施設や店舗、事務所だけでなく、住宅、ホテル、映画、倉庫など工場関係以外はほぼ何でも建築可能の地域になります。また、延べ床面積規制もなく、容積率限度も高いので高層マンションの建築も可能です。ただし、性風俗関連特殊営業関係の施設も建てられるので、住宅を商業地域で取得した場合、いきなり隣にラブホテルができてしまう可能性もあります。

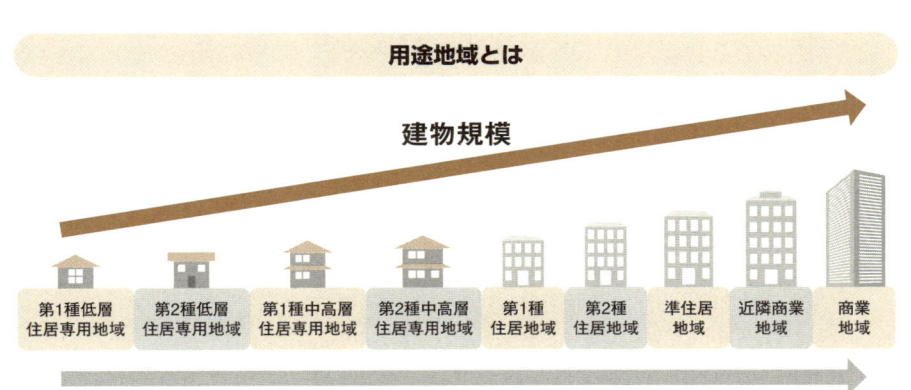

用途地域とは

建物規模

第1種低層住居専用地域／第2種低層住居専用地域／第1種中高層住居専用地域／第2種中高層住居専用地域／第1種住居地域／第2種住居地域／準住居地域／近隣商業地域／商業地域

建ぺい率・容積率が大きくなる

6-4 建物の構造を知る

建物の構造で耐用年数が異なる

　建物の構造には、大きく分けて4つの種類があります。**木造、鉄骨造（S造）、鉄筋コンクリート造（RC造）、鉄骨鉄筋コンクリート造（SRC造）**の4つです。建物は減価償却資産であり、経年劣化します。法律によって耐用年数が決められていますが、その耐用年数は構造によって異なります。

　それぞれの簡単な特徴を紹介しておきましょう。

①木造

　1棟所有のアパートなどで使われている構造です。通気性はいいのですが、法定耐用年数は短く22年と定められています。

②鉄骨造（S造）

　3階までの低中層のアパートやマンションなどの構造として多いです。RC造、SRC造に比べて耐久性や遮音性、耐火性などで劣りますが、木造に比べると耐震性で優れています。厚さ4mm以上の鋼材を使った鉄骨造（軽量鉄骨造）の法定耐用年数は34年。厚さ3mm超から4mm以下の鋼材を使った鉄骨造（重量鉄骨造）の法定耐用年数は27年と定められています。

③鉄筋コンクリート造（RC造）

　3階から7階建ての低中層マンションの構造として多いです。木造に比べて耐久性、耐震性、防音性、耐火性などで優れています。法定耐用年数は47年です。

④鉄骨鉄筋コンクリート造（SRC造）

8階建て以上のマンションの構造として多いです。S造とRC造の長所を併せ持つ構造になっており、耐震性、耐久性に優れています。

建物の構造は外側から見ただけではわかりません。詳しくはマイソク（販売図面）に書いてあるのでそちらを参考にするといいでしょう。

法定耐用年数と借入期間

ローンを利用する際には、建物の構造が借入期間の長さに影響します。その理由は、借入期間の長さは一般的に言って、法定耐用年数の長さに基づいているからです。一般的なアパートローンの借入期間は最長で50年と言われています。ところが、この最長借入期間は、構造によって算出される法定耐用年数の長さによって左右されます。

基本的には、法定耐用年数から築年数を引くことで借入期間は決まります。このため築年数の古い物件であればあるほど、ローンの借入期間は短くなり、築年数の浅い物件であれば、ローンの借入期間は長くなります。

ただし、この話はあくまでも一般的な話であり、アパートローンの融資期間の考え方は金融機関によって異なるので注意が必要です。

建物の構造と耐用年数

下に行けば行くほど借入期間が長くなる

利用物件	構造	法定耐用年数
アパート	木造	22年
マンション	鉄骨造（S造）	27年、34年（使用される鋼材の厚さにより異なる）
低中層マンション	鉄筋コンクリート造（RC造）	47年
高層マンション	鉄骨鉄筋コンクリート造（SRC造）	47年

6-5 レントロールの見方

レントロールとは何か？

　レントロールとは**賃借条件一覧表**のことで、この一覧表を見ることによって、賃借条件や賃借人の条件などを読み取ることができます。マンションやアパートを一棟所有する場合は、現在住んでいる入居人がどのような状況で借りているのかを知ることは、購入後のキャッシュフローにも大いに影響を与えるところなので、レントロールを読み解くことがとても重要になってきます。

　レントロールは1枚の紙で、各部屋番号ごとの契約賃料や共益費、預かり敷金の金額、契約年月日が印刷されています。賃借人の属性（法人、個人）や名前、性別が記載されていることもあります。悪い物件をつかまされないために、不動産購入前にはレントロールをよく読みましょう。読むポイントは、次の2つです。

レントロールを読み解く2つのポイント

①賃料や敷金にバラツキがないか

　階数や部屋の広さが同じなのに賃料にバラツキがないかどうかを調べます。

　新しい入居者の賃料が大きく下がっている、バラツキが激しいという場合は、古くから入居している人に比べて最近賃料が下がっていることが考えられます。

　どういうことかといえば、入居者が入れ替わる際に賃料が下がることが考えられます。直近の入居者の賃料を元に利回りを計算し直すと将来の利回りをある程度予測することができます。賃料と同じく、新しい入居者の敷金の月数が減っている場合は入居者募集に苦戦していることが考えられます。逆に敷金が2～3ヶ月と高いままの場合は、今後、敷金の月数を少なくすることにより新たな入居者を獲得できる余地があります。

②入居者について

　入居者が法人である場合や女性の入居率が高い場合には安定したキャッシュフローが期待できることもあります。入居年月がある程度バラバラであるほうが安心です。なぜならば、入居年月が一緒の場合は契約終了で一気に退去してしまう可能性があるからです。直前数ヶ月の新規入居者が多い場合、または直前数ヶ月の賃料が高い場合は、その物件を高く売るために無理矢理入居させている可能性もあります。なかには、知人や親類を無理矢理入居させていたり、フリーレントで無理矢理入居させていたりする場合があり、物件購入後に一斉に退去したりまたは退去後の賃貸付けに苦戦する可能性があります。

　また、空室がある場合はいつから空室があるのかを確認します。長期間空室が続いている場合は、その原因を突き止めることが重要です。たとえば、現在の募集家賃が近隣の家賃よりも高いのか、そうでないのか。空室になっている部屋に問題があるのかなど、原因を突き止めることで物件全体の問題点を突き止めることができます。また、可能であれば、その物件の賃貸の問い合わせの数や内見の数まで調べられたら良いと思います。

　このように**レントロールを読み解くことは、将来のキャッシュフローを読み解くことにも通じてくる重要なことなのです。**

レントロールに書かれていること

部屋	名前	入居日	家賃	敷金	契約期間
101	赤木	平成23年2月	67,000	67,000	
102	井川	平成10年3月	80,000	160,000	
103	上野	平成23年8月	63,000	63,000	
201	榎本	平成22年2月	67,000	67,000	
202	空室				
203	金本	平成22年6月	69,000	69,000	

6-6 物件の現地調査の意味

物件は必ず現地で調査をしよう

　最近では不動産投資の情報サイトが充実しており、マイソクや個々の写真画像を見ることで自分が欲しいと思うような物件の雰囲気は何となく掴めるようになってきました。このため物件をまったく見ないで購入に踏み切るサラリーマン大家さんもいらっしゃるようです。

　しかしながら、物件選びをするときには、必ず自分の目でその物件を見て、実際の建物の様子、周辺環境の様子を見なければいけません。不動産会社は物件を売るのが仕事です。素晴らしい物件であるかのように、上げ底写真を撮ったり、短所を長所に変えるようなキャッチコピーを使って、これから投資しようとする投資家の判断を誤らせるのです。

　実際に現地に行ってみると、インターネットで調べた状況と全然違う状況に出くわすことなど多々あるのです。また、現地に行くことで写真やマイソクからだけではわからない建物の特徴が見えてきます。

　たとえば、眺望良好とマイソクに書かれている物件は、崖の上にあったり、閑静な住宅街とマイソクに書かれている物件は、人気のないところにあったりするものです。こういう物件はそもそも入居需要があまりなかったのではと予測することもできます。また、地図では最寄りの駅からすごく近くて便利なところに位置する物件であっても、現地に行くと線路の真横でしょっちゅう電車が通って騒音がうるさかったり、歓楽街のなかの物件だったりして治安が悪かったりすることもあります。路線価が高い物件だと思って見にいくと、大きな幹線道路の交差点に物件があり、騒音と排気ガスで住環境が最悪な物件もあります。

共用部分の状況を見ることも大切

　共用部分の状態やゴミ置き場の状態などは写真ではわからないのですが、現地に行けばどのような状態なのか一目見ればわかります。共用部分が汚くなっていたり、ポストが汚れていたり、ゴミ置き場が乱雑になっていたりすれば、入居者のモラルをなんとなく類推することができます。

　そして、同時に売主の管理も行き届いていないこともわかります。

現地調査の必要性

「眺望良好」

「眺望良好」とマイソクに書かれている物件でも、「崖の上」にあることも。

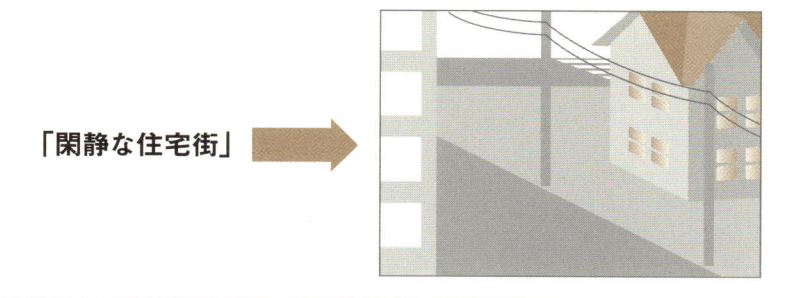

「閑静な住宅街」

「閑静な住宅街」とマイソクに書かれている物件でも、人気のないところにあることも。

6-7 現地調査の3つのポイント

入居者のチェックは入念に行う

　現地調査のポイントは3つあると私は考えています。第1は「最寄り駅の調査」です。都心からのアクセスや駅周辺の開発状況、1日の乗降者数はどのくらいかなどを調べていきます。第2は、「物件周辺の調査」です。まず第1に行うことは生活インフラが整っているかどうかを確認することです。物件の周辺にあって魅力的だと思うようなお店や施設の1位はコンビニです。次に深夜営業しているスーパー。銀行ATM、郵便局、病院などです。

　第2に行うことは物件に隣接している建物の空室率をチェックすることです。入居需要が高ければ、基本的には周辺の新築物件から空室が埋まっていきます。つまり、入居需要が高い地域なのにも関わらず、新築物件に空室が目立つということであれば、これから買おうとしている物件にも十分、空室率が高くなる可能性があるということになります。空室率の調査は物件そのものの空室を調査するときと同じです。カーテンがかかっているかどうか、物干し竿があるかどうか、その竿が使われているかどうか、電気メーターが回っているかどうか、ポストには郵便物が溜まっていないかなどで空室かどうかを判断していきます。

　また、調査をする物件自体に言えることですが、現状の入居状況を鵜呑みにしてはいけないということを頭に入れておくべきでしょう。レントロールを見て入居状況を見て、仮に入居者それぞれの契約期間が長く、ほぼ満室の状態であってもその物件に居続けなければいけないということはありません。購入した後に退去するという事例も多く見かけますので、レントロールで入居している人が本当にいるのかどうかを電気メーターや外から見極めることも大切です。

6-7 現地調査の3つのポイント

物件自体の調査も忘れずに

現地調査のポイント、第3は「物件自体の調査」です。これはデザインや雰囲気、方角といったものから物件の管理状況、ゴミ捨て場の確認、共用部分などの状況を確認します。また、建物の敷地境界線から木の根や枝、屋根などの越境物がないかどうか調べます。越境物がある場合は、隣接の建物のオーナーがそれを許しているのか、または書面による取り決めがあるのかを確認しておきましょう。越境物の処理を請求される可能性もあるからです。また、接道の状況も調べて「再建築不可」の物件や「路地状敷地」ではないかどうか確認をしておくことが大切です。

現地調査の3つのポイント

①最寄り駅の調査
- 都心からのアクセス
- 一日の乗降客数・時刻表
- 駅周辺の開発状況

③物件自体の調査
- デザイン・雰囲気・方角
- 物件の管理状況
- ゴミ捨て場の確認
- 隣地の越境物の有無
- 接道状況

②物件周辺の調査
- スーパー・コンビニ・病院等生活インフラの有無
- 物件周辺の状況（隣地隣家の状況）
- 周辺で工事中の場所
- 周辺競合物件の入居状況

6-8 買い付け申し込み

買いたい物件があれば買い付け申し込みを行う

　物件選定をして、自分が買いたいと思った物件が見つかったら、実際に売買契約を結び、購入する前に「買い付け申し込み」を行います。多くのサラリーマン大家さんはローンを使って、物件を購入するわけですから、融資そのものが降りなければ、物件を購入することすらできません。そこで、融資が正式に降りるまで購入する意思がありますよ、ということを不動産会社へ示すのが「**買い付け申し込み**」なのです。

　「買い付け申し込み」は口頭で行うのではなく、書面で伝えます。物件を他の買主に買われないように予約することが目的になります。書式はそれぞれの不動産会社に用意されているのでそれを利用します。買い付け申し込みを行うと、「売主」「不動産会社」「銀行」など関係者が動き出すことになります。

　売主は**買付申込書**を受理することで、買い手の募集を停止します。銀行は不動産の査定に入ります。不動産会社は物件の調査に入るのです。

　買付申込書は契約書ではないので、法的拘束力はありません。買付申込書を提出したからといって、必ず購入しなければならないというわけではなく、購入しないということも選ぶことができます。ただし、買付申込書を提出したのに、後で撤回するようなことを何度も行うと不動産会社からの信用を失ってしまうので、安易な気持ちで提出してはいけません。

ローン特約をつけて条件交渉に臨む

　買付申込書を提出した後で、売主との条件交渉が始まります。ただし、買付申込書を提出しても、100％購入できる保証はありません。なぜならば、人気の高い物件には何枚もの買付申込書が届いているからです。買付申込書を提出した順番で売主と条件交渉をすることができますが、場合によっ

ては先着順よりも好条件の申込が優先されることが多いといわれています。そのため、条件交渉をスムーズに運ばせるために、不動産会社からいろいろ聞き出し、事前に不動産会社と打合わせをしたほうがよいでしょう。

買付申込書を提出するときに注意したいのが、ローン特約を付けるということです。**ローン特約**とは、ローン契約が成立しなかった場合、契約を白紙撤回し、支払済みの手付金が無利息で返還される仕組みです。売主からローン特約なしの指定がない限り、必ず特約をつけるようにしましょう。仮にローン特約を付けずに売買契約までいき、最終的に銀行からの融資が得られない場合、罰則として手付金もしくは売買代金の20％を取られてしまいます。ローン特約を利用する場合にはあらかじめ銀行にローンの相談をして内諾を得てから、買付申込書を提出することで売主側に受け入れてもらいやすくなります。

買付申込書

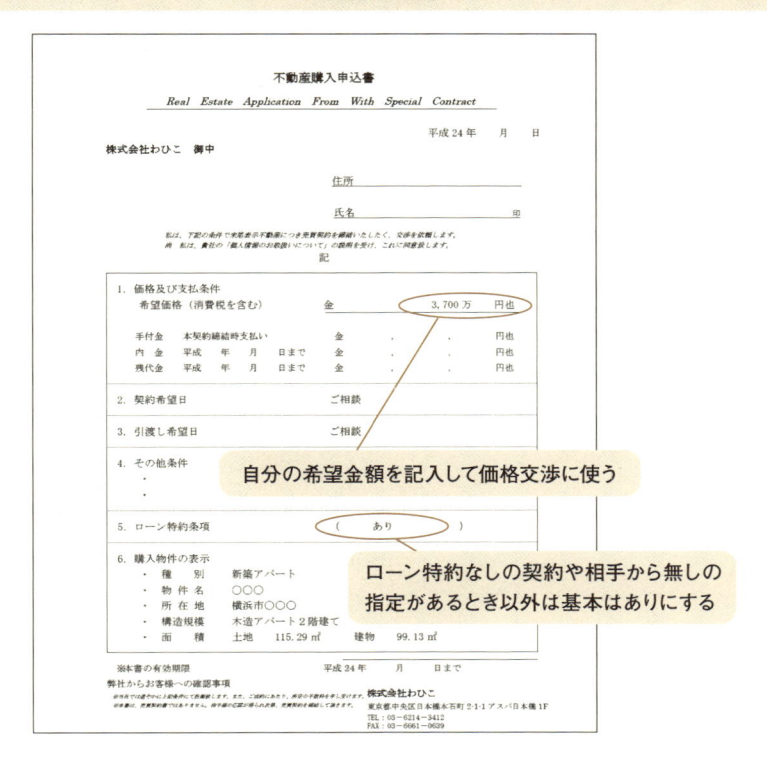

不動産購入申込書
Real Estate Application From With Special Contract

株式会社わひこ　御中　　　　　　　　平成24年　月　日

住所
氏名　　　　　　　　　　印

私は、下記の条件で末尾表示不動産につき売買契約をいたしたく、交渉を依頼します。
尚、私は、貴社の「個人情報のお取扱いについて」の説明を受け、これに同意致します。

記

1. 価格及び支払条件
   希望価格（消費税を含む）　　金　　3,700万　円也

   手付金　　本契約締結時支払い　　金　　　．　　円也
   内　金　　平成　年　月　日まで　金　　　．　　円也
   残代金　　平成　年　月　日まで　金　　　．　　円也

2. 契約希望日　　　　　ご相談
3. 引渡し希望日　　　　ご相談
4. その他条件

　　　　　　　　　　自分の希望金額を記入して価格交渉に使う

5. ローン特約条項　　（　あり　）

　　　　　　　　　　ローン特約なしの契約や相手から無しの
　　　　　　　　　　指定があるとき以外は基本はありにする

6. 購入物件の表示
   ・種　別　　新築アパート
   ・物件名　　○○○
   ・所在地　　横浜市○○○
   ・構造規模　木造アパート2階建て
   ・面　積　　土地　115.29㎡　建物　99.13㎡

※本書の有効期限　　　　平成24年　月　日まで
弊社からお客様への確認事項

　　　　　　　　　　　　株式会社わひこ
　　　　　　　　　　　　東京都中央区日本橋本石町2-1-1アスパ日本橋1F
　　　　　　　　　　　　TEL：03-6214-3412
　　　　　　　　　　　　FAX：03-6661-0639

6-9 購入手続きのチェックポイント

契約日までにチェックする書類

買い付け申し込みを行った後、売主との価格交渉があり、価格に折り合いがついたら売買契約を結ぶことになります。契約締結までに物件の詳細や契約内容を確認して、最終的に購入価格を決めます。価格が決まって、売買契約が成立すれば、銀行へ融資申し込みをすることができます。

売買金額が最終的に決定されれば、売主側の不動産会社から「**重要事項説明書**」と「**売買契約書**」などの書類が作成されます。「不動産会社は、売買契約を締結するまでの間に、購入予定者に対して購入物件にかかわる重要事項の説明をしなければならないと宅建業法で定められています。そして重要事項説明は、宅地建物取引主任者が、内容を記載した書面に記名押印し、その書面を交付した上で、口頭で説明を行うとされています。早めに説明を受けておき、売買契約までにじっくりと検討する時間を設けましょう。

契約日までにチェックする書類は次の通りです。

①**売買契約書**
②**重要事項説明書**

他に、購入物件に入居者がいる場合には賃貸契約書（コピー）、区分所有マンションの場合は、管理規約や管理組合の決算報告書などを見ておきます。

6-9 購入手続きのチェックポイント

わからないことは質問する

　確認する書類のなかでも重要なものは、その物件に関することが書かれている重要事項説明書です。ここにはマイソク（販売図面）や現地調査では知り得なかったことが書かれている場合があります。重要事項説明書に書かれていることは大きく分けて2つです。それは「対象物件に関する事項」と「取引条件に関する事項」（詳しくは6-10で説明します。）です。もしわからないことがあれば、必ず事前に質問をするようにしましょう。なぜなら売買契約時には、買主、売主、買主側不動産会社、売主側不動産会社、宅建主任者などが出席し、質問は当日しにくい環境にあるからです。これらを検討する時間を取るために、重要事項説明と売買契約のスケジュールを確認し、きちんと検討する時間を取るようにしましょう。

売買契約を結ぶ前にチェックする書類

- 売買契約書
- 重要事項説明書

> 購入物件に入居者がいる場合は、賃貸契約書（コピー）を取り寄せましょう。区分所有マンションの場合は、管理規約や管理組合の決算報告書を取り寄せることも必要です。

6-10 重要事項説明

重要事項説明の流れ

重要事項説明は次の8つの項目に沿って、行われます。

①説明を行うための基本的な確認

これから説明をする人間が宅地建物取扱責任者であることが、伝えられます。伝えていない場合は法律違反となります。

②物件の基本的な確認

物件の概要説明や抵当権などの権利関係が整理されているかどうかを確認します。所有権付きの物件ならば所有権に影響を与える権利があるかどうか確認します。「売主に関する事項」では、売主の住所、名前が記載されています。「登記簿に記載された事項」では、所有権について売主の名義と同じかどうかを確認しましょう。

③法令上の制限の確認

都市計画法で定められた用途地域や地域地区の種類の確認です。建て替えの際に、どの用途の建物がどれぐらいの規模で建てられるのかを確認しましょう。「市街化調整区域」、「未線引区域」になっていれば建物を建てることができません。また、都市計画道路や区画整理事業にかかっていることが記載されている場合には、将来立ち退きを迫られることもあります。

④道路その他インフラに関する事項の確認

接道状況を見て「再建築不可」物件でないかどうか、「路地状敷地」でないかなどを確かめます。また、道路や給排水設備などのインフラ利用に対して何らかの負担が発生しないかどうかを確認します。

⑤その他物件に関する事項の確認

建物が未完成の場合にその物件の概要や形状、構造などを確認します。その他物件に関する内容などを確認します。

⑥マンションなど区分所有建物に関する事項の確認

権利関係が複雑な区分所有マンションに関する事項です。権利関係や建物の利用修繕に関する事項を確認します。

⑦契約条件に関する事項の確認

契約条件のなかでも特に重要な条件について確認します。「手付解除」「契約違反による解除」「融資利用の特約による解除」など契約を解除した場合の違約金について書かれているのでチェックをします。

⑧その他の事項の確認（ローン特約など）

その他の契約内容についても確認を取りましょう。

特に、重要事項説明の最後に特約という項目がありますが、ここは要チェックです。イレギュラーの内容は特約条項に書いてあるのでよく調べましょう。

重要事項説明の主な8つの項目

契約の前に、その物件に関わる重要事項を確認する

重要事項説明書の説明をしっかり受ける
わからないことは必ず質問をすることが重要！

重要事項説明は、大きく分けて8つの項目がある

①説明を行うための基本的な確認	②物件の基本的な確認
③法令上の制限の確認	④道路その他インフラに関する確認
⑤その他物件に関する事項の確認	⑥マンションなど区分所有に関する事項の確認
⑦契約条件に関する事項の確認	⑧その他の事項に関する確認

Column

こんな不動産会社は嫌だ！①
サクラの入居者がいる物件を紹介する会社

　入居者がいないにもかかわらず、入居があるように見せかけている物件というのは、もちろん少ないですが、たまに目にします。売主による偽装入居ですね。当然買主からすれば空室になっているより満室のほうがうれしいわけです。銀行評価も高くなりますし、購入後安定した賃貸経営のスタートが切れると考えられるのですが、それだけに騙されてはいけません。偽装入居のタイプは、下記の3つにわかれます。

①偽装入居を知っていて物件を紹介する会社
②偽装入居は知らないがうすうすおかしいと思いながらも紹介する業者
③偽装入居を全く知らないで紹介する業者

①偽装入居を知っていて物件を紹介する会社
　不動産で失敗する大多数の方がよく騙されるケースです。偽装入居を知っていて物件を紹介する会社というのは、都合のいいことしかいわなかったり、デメリットを開示しなかったりと物件を紹介する前から不審なところがあります。その不審さを見抜く目が必要です。

②偽装入居は知らないがうすうすおかしいと思いながらも紹介する業者
　これもやはり担当者がこちらの話を聞かなかったり、サラリーマン大家であることを快く思わないなどさまざまなケースがあります。こうしたことを見抜く眼力を養うのも1つのポイントです。

③偽装入居を全く知らないで紹介する業者
　これも見方を変えれば悪い不動産業者だと思います。不動産はとても高額な商品になります。プロ感覚がない人間は営業すべきではありません。問題が表面化した場合、私も知りませんでした、となるわけですが、そんな無責任な話はありません。しっかり確認し対応すべきでしょう。
　目先の利益に走らず本物のプロと付き合いなさいということ。それと人を見抜く力を買主側も養う必要があるということ。全ては自己責任です。物件を探すことも大事ですが、業者選びをもっと深く考えるべきだと思います。

第 7 章

融資を依頼する

　物件選定が終わり、これだと思う物件が出て来たらいよいよ買い付けです。買い付けの前に検討しておくのが、融資の依頼です。

7-1 アパートローン

アパートローンとは何か？

アパートローンとは、自宅以外の賃貸用マンションやアパート、賃貸用の店舗、事務所などの不動産を目的としたローンのことをいいます。自己居住目的の住宅ローンとは異なり、賃貸用不動産の建設、購入、借り換えのみに使えるローン、収益不動産専用のローン商品といえるでしょう。

一口にアパートローンといいますが、種類は千差万別です。返済期間、融資額、自己資金（頭金）の割合、金利など融資条件はさまざまです。

アパートローンは2つの評価方法で判断される

アパートローンが利用できるかできないかは、物件の担保評価や収支評価だけでなく、個人の**属性評価**も関わってきます。

ちなみに、個人の属性とは、「年収」「勤務先」「勤続年数」「金融資産」「借金の有無と借金額」「年齢」「保有不動産の状況」などがあります。要するに、個人としてのキャッシュフロー（年収）と資産（預貯金や株式などの資産）をローン申請時に判断されるということになります。金融機関でお金を借りるときには、必ず、このキャッシュフローと資産を申告する必要があります。なぜならば、きちんと借金を返せる人なのかどうかということを金融機関は判断したいからです。

キャッシュフロー（年収）については、中小企業よりも一部上場企業のような大企業に勤めている方が評価がよくなります。これはあくまでも確率論ですが、中小企業よりも一部上場企業のほうが潰れにくいし、辞めにくいからです。

また、勤続年数も非常に大きなポイントです。一般的に勤続年数は長ければ長いほどいいといわれています。その理由は安定してキャッシュフローが入っているということになります。転職を繰り返すということは、

それだけ収入が不安定と判断できるからです。

資産については、借金がどれだけあるのかを主に判断されます。たとえば住宅ローンの残債などは評価が下がってしまうポイントになります。

一方、**担保評価**とは金融機関が担保として取得した不動産を差し押さえて再販したときにいくらで売れるかということを金融機関ごとに計算します。これが担保評価額になります。この60％から90％が融資の上限となります。たとえば、1億円の評価額が出た場合、6000万円から9000万円が融資の上限となるということです。

アパートローンの定義と評価方法

収益物不動産専用のローン商品
借りる人の属性評価と、物件の担保評価・収支のバランスで判断される

課税
・年収
・勤務先
・勤続年数
・金融資産
・他の借入の有無
・年齢
・保有不動産の状況
など

担保評価額とは？
・不動産を差し押さえて再販した時にいくらで売れるか？
・この評価額の60％〜90％が融資の上限となる

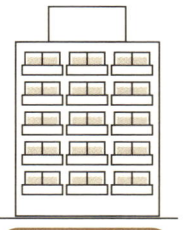

年収700万円
7,000万円

借入れ上限は年収の10倍が目安

担保評価額
4,000万円

属性評価と担保評価のいずれか低い方が融資可能額

7-2 金融機関の融資といってもいろいろある

融資の仕組み

融資が利用できるかできないか、融資金額は原則として、人物評価と物件評価のバランスで決まります。

このため、人物評価で住宅ローンの残債や不動産投資用ワンルームマンションの残債が存在していれば、優れた物件でなければ融資金額も少なくなってしまいます。一般的に個人の属性評価と物件の担保評価、収支評価のいずれか低い方が融資可能額として判断されます。また、金融機関によっても融資を引き出せる金額は異なります。

たとえば、地方銀行であれば、その物件の所在地が地方銀行の営業範囲内であることで融資額を多く引き出せ、金利も特別に優遇されることもあります。

ローンが出やすい人とは？

では、いわゆるローンが出やすい人とはどんな人でしょうか？　ローンが出やすい人というのは、借金の返済能力が高く、資産を持っている人が出やすいといわれています。具体的には次の通りです。

① 1棟所有の場合、理想的には年収700万円。区分所有の場合であれば年収500万円から銀行の審査対象になります。
② 資産がある（物件価格の30％ぐらいの預貯金、もしくは金融資産がある）
③ 既存の借金が少ない（もしくは直前の借金が少ない）
④ 勤務先が一流企業
⑤ 勤続年数が長い（勤続3年以上から審査対象になります）
⑥ 年齢が若い（80歳以下）
⑦ 有資格者、肩書き、専門性の高い職業
⑧ 家族の連帯保証人がついている

逆にローンが出にくい人は、年収が500万円以下で資産はゼロ。住宅ローンなどの借金があり、勤務先が中小企業で年齢は50代以上。家族は不動産投資に反対しているなどです。

個人の属性を高めるためには、いくつか方法があります。

① カードの枚数を減らす

（クレジットカードにはキャッシング枠があり、この枠が多くなると借入可能額が少なくなる可能性があります）

② なるべく借入を防ぐ（負債が大きくなると、ローンができなくなります）

③ 返済の延滞はしない（延滞事故は個人信用情報のデータとして5年残ります）

④ 貯金をする

属性評価のポイントを知って、ポイントを上げるように努めましょう。

融資の仕組み

融資の仕組みとは・・・

- 原則として、人物評価と物件評価のバランスで決まる
- 持ち込む案件の組み合わせで大きな差がつく
- 借入人の属性や物件構造、所在地、収益性、土地面積などにより、適切な金融機関は異なる

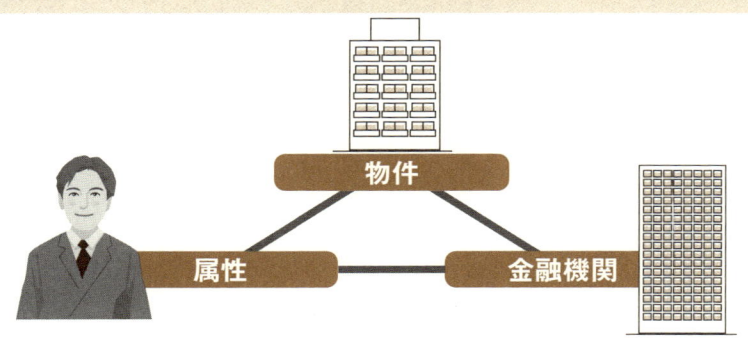

物件 — 属性 — 金融機関

7-3 金利の種類①
－変動金利－

変動金利と固定金利とは？

アパートローンの金利の種類は「固定金利」と「変動金利」の2つの種類が基本になります。現在では、アパートローンといえば固定金利ではなく、変動金利を選ぶアパートローンしかありませんが、金利のタイプには2種類あるのだということを学ぶことは大切です。

変動金利とは？

「**変動金利**」はそのときの金利動向によって変動する金利のことです。銀行の基準金利は「短期プライムレート」と呼ばれる金利によって影響を受けます。短期プライムレートは日本銀行の政策金利の動きに影響を受けます。変動金利は融資期間中に金利が変わるたびに融資金利が変わる金利になります。

「変動金利」のメリットは、同じ時期の固定金利よりも金利水準が低いことが多く、当初の返済額を抑えられる可能性があることです。ただし、日本銀行の金融政策によって変動する可能性があります。たとえば、政策金利が上昇し、短期プライムレートが上昇した場合は、ローン金利も上昇します。この場合は当初の予定より返済額が増えることを理解しておきましょう。**どちらの金利タイプを選ぶかは、今後、金利がどのように変化するかどうかが重要なポイントになるでしょう。**

変動金利には大きく分けて2つの種類があります。

① 随時連動型

この仕組みは「**随時連動**」または「**即時連動**」などと呼ばれ、銀行の基準金利の変動に合わせて融資の金利が動くタイプのことです。融資で「変動金利」というと、この随時連動型のことを指します。

②周期連動型

　周期連動型というのは、3月1日とか9月1日などある一定の時期のみ、金利の見直しを行い、その日の基準金利に合わせて金利が変動する仕組みのことをいいます。

　たとえば、金利を見直す日が年2回ある場合は、半年に1度、年1回の場合は1年に1度金利が変わります。半年で見直す場合は6ヵ月間は固定金利となります。また年1回の見直しの場合は1年間の固定金利といえます。周期連動型の変動金利は住宅ローンで主に採用されており、他の融資でこの周期連動型の融資制度を見るのは非常にまれです。

変動金利の定義とタイプ

変動金利
各銀行が独自に決めている基準金利の変更に伴って変わる金利のこと

- **随時連動型**
  銀行の基準金利の変動に合わせて融資の金利が動く
- **周期連動型**
  一定の期間で基準金利の変動に合わせて融資の金利が動く

> どちらの金利タイプを選ぶかは、今後、金利がどのように変化するかどうかが重要なポイントになる。

7-4 金利の種類②
― 固定金利 ―

固定金利とは何か？

続いて「**固定金利**」について説明しましょう。「**固定金利**」はその名の通り、金利が固定されたタイプです。3年とか30年とか定められた一定期間中（固定期間中）は銀行の基準金利が変動しても、融資金利が変わることはありません。

別な言葉で言い換えれば、固定期間中は借入の支払額が確定しているということもいえます。そのため毎月の返済額が明確にわかるので、収支計画を非常に立てやすいメリットがあります。ただし、その反面、金利下降局面では、変動金利に比べて支払額が多くなってしまうことがあります。

固定金利は一般的に変動金利より金利が高めに設定されていることが多いのですが、2～3年の短期の固定期間を持つ固定金利の場合、銀行の営業政策として変動金利よりも低めに設定するケースもあります。

「固定金利」の種類は主に3種類あります。

①全期間固定型

その名の通り、融資のすべての期間で金利が固定されているタイプです。融資返済額が確定しているので、金利上昇リスクを心配する必要はありませんが、銀行が金利上昇リスクを負うことになるので、金利は高めに設定されています。また、金利上昇リスクを負いたくないという考え方が銀行に多いので、全期間固定型を扱っている銀行は一部しかありません。

②固定金利選択型

3年や5年などの固定期間の終了を迎えた後、再度固定金利か変動金利を選択することができるタイプのことです。アパートローンで固定金利というと、この形を指します。

固定期間が3年、5年、10年などさまざまな期間があり、その時々の金利情勢で固定期間を設定できることもメリットがあります。ただし、短い期間で固定期間を選択し続けると、期間終了後の度に事務手続きを行わなければいけません。また、固定期間中に金利が大幅に上昇すると、次の固定金利選択時に金利が高くなる恐れもあり、収支計画が狂ってしまうことがあります。

③固定金利変動金利リレー型

貸出期間の半分は固定金利で、固定期間が経過したあとは、変動金利になるという仕組みです。固定期間の選択肢は複数あります。固定期間終了後は変動金利に移行するため、最初の固定期間の金利を優遇するケースがたくさんあります。これも固定金利選択型と同じで固定期間中に金利が大幅に上昇した場合、固定期間終了後の資金計画が大きく変わるというデメリットがあります。

借りるときの金利が低くて、今後、金利上昇が予測される局面であれば「固定金利」が有利になります。一方、現在、借りるときの金利は高くて、今後、金利下降が予測されるときには、「変動金利」が有利になります。

固定金利の定義とタイプ

固定金利
定められた一定期間中（固定期間中）
銀行の基準金利が変化しても
融資金利が変わらない金利

- **全期間固定型**
  融資のすべての期間で金利が固定されている
- **固定金利選択型**
  3年や5年などの固定期間の終了を迎えた後、再度固定金利か変動金利を選択することができる
- **固定金利変動金利リレー型**
  貸出期間の半分は固定金利で、固定期間が経過した後は、変動金利になる

7-5 金利の種類③
― 固定、変動金利のメリット・デメリット ―

目先のことだけでなく、将来のことも考える

　現在、日本の経済はデフレ経済で経済不況の状態にあります。デフレ経済下では金利は低く抑えられますし、不況対策としてゼロ金利政策は今後も続けられると考えられます。ただし、これ以上金利が下がるのかというと、それは難しいところです。物件が短期保有であれば変動金利、長期保有であれば固定金利など目的によって選ぶのがよいでしょう。もし、政府が他の先進諸国と同様に、**インフレターゲット**（インフレ率に対して中央銀行が一定の目標を決め、政府と供に金融政策を行うこと）を用いて本格的に経済をインフレに誘導するようになれば、金利が上昇します。

　仮に変動金利を選んでしまって、将来、金利が上昇した場合には、なるべく手元に現金を残しておくことが重要です。現金があれば、繰り上げ返済などをして対応することができるからです。あるいは借り換えも現金があれば比較的容易です。

　融資の際に選ぶ金利は、このように目先の経済動向だけではなく、将来の経済動向なども考慮に入れて、長期的な名視点で返済プランを考えていくことが重要です。ただし、昨今の傾向として変動金利以外は選べないアパートローンも増えています。手元に現金を持ち、早めに返済をしていくことが重要になります。

住宅ローンとアパートローンの違い

　ところで、**住宅ローン**にも固定金利と変動金利があるので、住宅ローンとアパートローンが同じものだと考える人が多いのですが、実は大きな違いがあります。それは、金利変動と返済額の動き方が違います。

　住宅ローンの変動金利型で、金利変動があった場合、5年間は返済額の変動はありません。つまり、毎月の返済額の元金と利息額の配分を変える

7-5 金利の種類③ — 固定、変動金利のメリット・デメリット

だけで返済総額は変わらないのです。どのように中身を変えているのかというと、金利が上昇すれば、毎月の返済額のなかの利息支払いが増え、金利が下落すれば毎月の返済額のなかの利息分が減少します。

アパートローンはこうした仕組みはありません。金利が上昇すれば、毎月の返済額は増えますし、金利が下落すれば毎月の返済額が減少するのです。

また、固定金利選択型で、固定期間が終了した時点で金利が大幅に上昇していた場合でも住宅ローンは既存返済額の25％を上限として返済額が増えるだけです。**このように、アパートローンは、金利変動に敏感であるということを覚えておきましょう。**

固定金利と変動金利のメリットとデメリット

	メリット	デメリット
固定金利	金利が変動しないため支払額が確定している。また金利が上昇しても固定期間中であれば、支払金利に変更はない。	支払額が固定しているため、金利下降局面でも金利は下げられない。途中解約には手数料が別途必要になる場合がある。
変動金利	金利下降局面では、支払い利息が減少する。途中解約には手数料がかからないため、短期で売却しやすい。	支払額が確定していないため、金利上昇時に支払額が増額してしまう。

固定金利、変動金利それぞれのメリット・デメリットをしっかりと考えて、ローンを組む必要がある。

7-6 金融機関の種類

金融機関ごとに特徴が異なる

　アパートローン、融資を依頼する金融機関は、さまざまです。都市銀行のほか、信託銀行、地方銀行、信用金庫、生命保険会社、政府系金融機関、ノンバンクなどがあります。それぞれの金融機関の一般的な特徴を紹介しましょう。

　都市銀行は、大都市にある銀行のことで全国に店舗を持っているという特徴があります。このため全国の物件に融資することが可能です。しかし、実際のところ都市銀行で融資を受けられるケースというのはほとんどありません。都市銀行の主な顧客は地主であったり、資産家が中心であったりでサラリーマン大家さんは主要顧客とはいえないからです。

　一方、地域に根ざした営業を行っている地方銀行や信用金庫の場合ですと、物件や融資の対象者がその営業範囲内に限定される傾向があります。特に地方銀行は地域の経済を活性化させるという使命があるので、営業範囲内の物件を好む傾向があります。地方銀行や信用組合はサラリーマン大家さんにとって付き合いやすい金融機関ともいえるでしょう。

　消費者金融、リース会社などのノンバンク系金融機関は比較的審査が緩いところがあり、融資を受けやすいというメリットがある反面、地方銀行や信用組合などと比べて金利が高くなるというデメリットがあります。

　政府系金融機関の日本政策金融公庫の場合は、金利も低く、融資手数料もかからないというメリットがありますが、まず頭金がなければ融資を受けることができませんし、融資期間を長く取ることができないのがデメリットです。

銀行の融資姿勢について

　アパートローンの融資条件は、基本的に都市銀行や地方銀行など営業エリアが大きい銀行は金利が低めの代わりに融資条件が厳しいという特徴があります。一方で収益物件を積極的に扱っている銀行は都市銀行などと比べて金利が高い代わりに融資条件が厳しくないという特徴があります。

　しかし、銀行の金利や融資条件はその時々で変化します。もちろん、大きな流れでは経済状況で変化しますし、監督官庁の金融庁の指導によって融資条件が大幅に変化することもあります。また銀行の決算内容や営業方針などでも変化することがあります。あるサラリーマン大家さんは、たまたまリーマンショックが起きた直後、融資を依頼したが、それまで融資をしてくれていた担当者から融資を断られたといっていました。状況は常に変わり続けるので、セミナーに出席したり、先輩大家さんに聞いたりして情報を仕入れておくことが大切です。

アパートローンを取り扱う金融機関と条件

都市銀行	地方銀行・信用金庫	ノンバンク系金融機関
全国の物件に融資することが可能。しかし、都市銀行の主な顧客は地主や資産家であり、一般的なサラリーマン大家さんが融資を受けるには自己資金が3割程度必要。	物件や融資の対象者がその営業範囲内に限定される傾向があるが、営業範囲内の物件への融資を好む傾向がある。一般的に金利は低い。	融資が受けやすいというメリットがある反面、地方銀行や信用組合などと比べて金利が高くなるというデメリットもある。

7-7 ローンの返済方法

2つのローンの返済方法

　前節では金利の話をしたので、この節ではローンの返済方法についてお話ししようと思います。ローンの返済方法には「元利均等返済」と「元金均等返済」の2種類があります。これは住宅ローンなどとも同じですので、すでにマイホームを購入した方は、よくご存じのことかと思います。

　「**元利均等返済**」とは、金融機関に支払う毎月の返済額が一定になる返済方法です。通常、ローンの返済でいうとこの元利均等返済が一般的な返済方法になります。「元利均等返済」の特徴は、毎月の返済額のうち、返済当初は元金よりも利息を多く支払い、だんだん元金の支払いを増やしていく仕組みになっています。元金はなかなか減らないので、ローンの総額は減らないのですが、返済当初の支払いの負担が少なくて済むのが大きいメリットです。また、毎月の返済額が一定なので、資金繰りの計画が立てやすいというメリットも存在します。

　一方、「**元金均等返済**」は、毎月一定の元金を返済する方法のことをいいます。つまり、毎回の支払いにおいて、元金に利息を追加して支払います。元金が少なくなれば、それにかかってくる利息も少なくなるので、毎月の返済額は返済当初が最も多く、次第に返済額が少なくなる、という仕組みになっています。

　元金を毎月一定額返済するので、元金が減るスピードが早く、元利均等返済より最終的に返済総額が少なく済むというのがメリットです。

元利均等返済と元金均等返済のどちらを選ぶか

　ローンの返済方法は手元の現金がどのくらいあるのかということから判断することが大切です。

　たとえば、物件の購入時に、ほとんど手元現金がなく、資金繰りに余裕

がない場合。このような場合は「元利均等返済」のほうが、当初の返済額は低く抑えられるために、賃貸経営がスタートすれば資金繰りに余裕が出て来て、返済をスムーズに行うことができます。逆に手元に現金がない状態で「元金均等返済」を選べば、当初の資金繰りに苦労するかもしれません。また、早い段階で複数棟を手に入れたいと考えている人は、手元の現金を増やしやすい元利均等返済を選んだほうがいいかもしれません。

返済方法の選び方は、今後の金利動向を考慮する必要もあります。たとえば、金利が上昇しそうな局面で「変動金利」で「元利均等返済」を選ぶとなると、元金の返済がなかなか進まずに利息の負担が重くなります。結果的に返済総額が大きくなってしまうこともあります。

このように返済方法を選ぶ場合は資金繰りの状況や将来の状況を考慮して選ぶことが大切です。ただし、金融機関では返済方法を選択できない場合もあるので事前に金融機関に問い合わせを行うことが必要です。

元金均等返済と元利均等返済

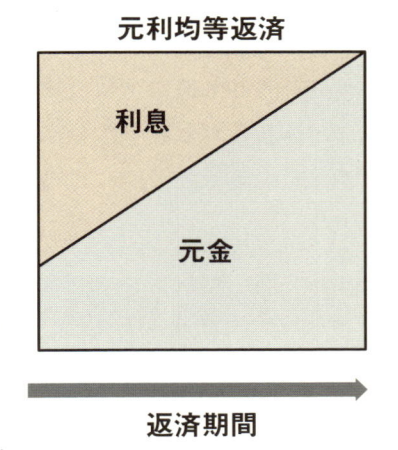

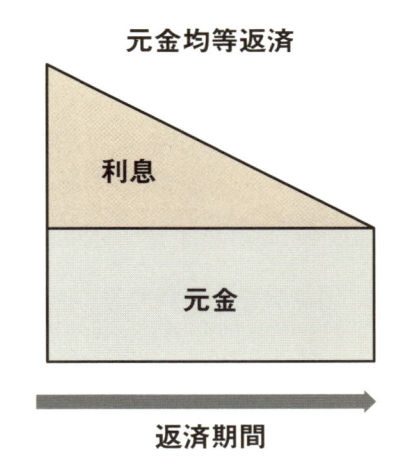

元利均等返済

利息／元金／返済期間

元金均等返済

利息／元金／返済期間

7-8 デッドクロス

デッドクロスとは？

　元利均等返済でアパートローンを返済している人は、デッドクロスに注意した方がいいでしょう。**デッドクロス**とは、次のような状態です。減価償却費は償却が終了するとゼロになります。アパートローンを元利均等返済で返済している場合、経費になる利息の部分は減り、一方で経費にならない元金の割合は年々増えていきます。そうして、返済する元金が減価償却費の額を上回るのがデッドクロスといいます。

　つまり、今まで減価償却費で計上していた経費分もゼロになり、さらに経費として計上していた利息の部分がなくなることで、所得が増え、その分、その所得は税金で取られてしまうというわけです。今まで経費として計上し、手元に残せることができていた現金がなくなってしまう可能性が高くなるということです。この状態になると収支が急激に悪化するといわれています。この状態が進行すると最終的には手元に現金がなくなり、黒字倒産になってしまいます。とはいえ、デッドクロスは急激に来る現象ではありません。不動産投資をスタートしてから、じわじわと数十年後に訪れる、1つのターニングポイントでもあります。ですので、早めに対処しておくという考え方は非常に重要です。

デッドクロス対策

　まず第1に考えられるのが、繰り上げ返済をするということです。繰り上げ返済を行って、月々の返済額を減らし、キャッシュフローを改善します。

　第2に考えられるのが、金融機関に交渉して、ローンの返済期間を延長してもらうということです。これによって月々の返済額を減らしキャッシュフローを改善します。

　第3に考えられるのが、物件を追加で購入して新しい減価償却費を増や

すということです。第4に考えられるのが、生命保険などに加入するなどして経費を増やすことです。第5に考えられるのが、建物の修繕をしてその経費を計上することです。

デッドクロスの計算は専門家でなければわからないところが多々あります。ぜひ、優秀な不動産コンサルタントの知恵を借りて、デッドクロスを避ける方法を見出してください。

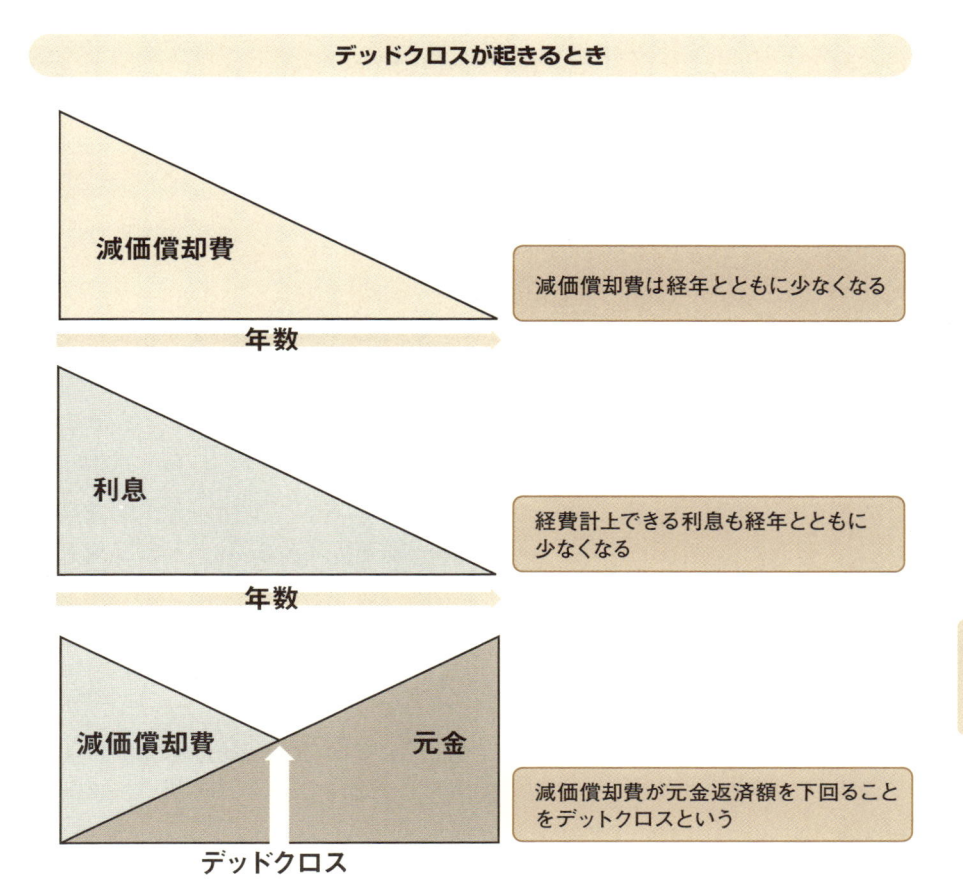

デッドクロスが起きるとき

減価償却費 — 減価償却費は経年とともに少なくなる

利息 — 経費計上できる利息も経年とともに少なくなる

減価償却費 / 元金 — 減価償却費が元金返済額を下回ることをデッドクロスという

デッドクロス

7-9 物件評価の仕組み①
－積算評価－

物件評価の2つの方法

　物件には2つの評価方法があります。1つは「積算評価」。もう1つは「収益評価」（収益還元法）という方法です。それぞれの評価でどちらを取るのかというのは、銀行の融資方針によるところが大きいのですが、都市銀行などでは「積算評価」が中心と言われています。

積算評価の方法

　それではまず、積算評価の方法から紹介しましょう。**積算評価**とは、その名の通り評価を積み重ねて算出する土地の評価方法です。

　何の評価を積み重ねるのかといえば、土地の評価に建物の評価を積み重ねて、算出するということになります。

　つまり、積算評価額＝「土地の評価額」＋「建物の評価額」ということになります。

　まず土地の評価額を出す方法から紹介しましょう。土地の評価額は「路線価×面積」で計算します。ここから算出された評価額に、金融機関がいくらかを掛けて、最終的に評価額を決めます。この係数については、それぞれの金融機関によって異なります。

　路線価を調べるには、前述した通りに国税庁のホームページの「財産評価基準書*」で調べます。

　路線価は300Dなどと書かれています。単位は1000円なので、300×1000＝1m^{2}30万円ということになります。アルファベットは借地の割合です。その土地が借地権の場合、どれくらい評価が減らされるかということを表現しています。AからGまであり、Aは90％、Bは80％、Cは70％、Dは60％、Eは50％、Fは40％、Gは30％になります。

＊ http://www.rosenka.nta.go.jp/

7-9 物件評価の仕組み① ― 積算評価

　続いて建物の評価です。建物の評価額は「新築時の1m²当たりの価格×延べ床面積×再調達価格×（法定耐用年数－築年数）÷法定耐用年数」で計算します。

　再調達価格は目安ですが、RC造の場合、18万円～20万円／m²、S造15万円～17万円／m²、木造は12万円～14万円／m²になります。

　土地と建物の金額が出たら、両方の評価額をプラスして計算します。現在、売りに出されている価格よりもこの評価額の割合が高ければ高いほど、収益物件になるので、金融機関の担保評価も高くなります。ただし、金融機関の評価ポイントは、最寄りの駅からどのくらい近いのか、整形地や角地なのか、部屋数は多いのか、幹線道路に面しているかなど、路線価や構造によって算出された評価額だけではないので注意が必要です。

積算評価のしくみ

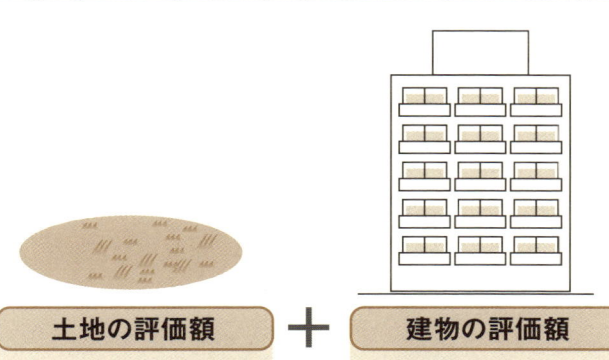

土地の評価額 ＋ **建物の評価額**

土地の評価額は「路線価×面積」で計算する。ここから算出された評価額に、金融機関がいくらかを掛けて、最終的に評価額を決める。

建物の評価額は「新築時の1m²当たりの価格×延べ床面積×再調達価格×（法定耐用年数－築年数）÷法定耐用年数」で計算する。

7-10 物件評価の仕組み②
－収益評価－

収益評価の仕組み

収益評価、収益還元法は不動産を運用することでどのくらいの収益が得られるかという不動産の収益性に注目した不動産評価方法になります。

収益に注目することで、収益物件からの家賃収入が多くなればなるほど、積算評価方法よりも、多くの融資が受けられる可能性が出るということになります。収益評価の計算方法は銀行によって異なりますが、だいたい満室家賃の80％の年間賃料収入の金額と融資の返済額を見比べて、年間賃料収入の金額が多ければ、融資が受けられるというものです。

一般的な計算式は次の通りになります。

年間賃料収入 ×80％ ＞ 年間賃料収入 ×20％ ＋ 年間返済額

まず年間賃料収入を求め、その年間賃料収入の80％を計算します。なぜ80％にするかといえば、年間の空室率を2割見込んでいるからです。次に年間賃料収入の20％を計算します。これは年間の諸経費を2割と見込んでいるからです。最後に建物の築年数と構造から借入期間を割り出します。割り出した借入期間のローンの年間返済金額を、元利均等返済4％で計算します。計算が複雑でわからないという場合は、インターネットにある元利均等返済の計算ツールなどを利用するとよいでしょう。

計算式を求めたら、年間の家賃収入2割と年間総返済額を足します。この金額が年間の家賃収入の80％よりも少なければ、収益評価法でローンを引き出すことができる計算になります。

たとえば、SRC造で築17年、物件価格が1億円、年間賃料収入が1200万円のケースで収益評価法で計算をしてみましょう。

7-10 物件評価の仕組み② — 収益評価

①年間賃料収入×80％を求めます。
1200万円×80％＝960万円（①）

②年間賃料収入×20％を求めます。
1200万円×20％＝240万円（②）

③最大借入期間を求めます。
法定耐用年数が47年－築年数17年＝30年（③）

④年間返済額を求めます
金利4％で元利均等返済で計算します。
すると、年間返済額は573万円（④）になります。

⑤年間賃料収入×20％＋年間返済額を求めます。
240万円（②）＋573万円（④）＝813万円（⑤）

①と⑤を比べて、①＞⑤なら、頭金なしで融資の可能性が高いということになります。

ただし、収益評価だけで審査をしている金融機関も少なくなっているので、必ずしも上記の計算式で融資が降りるかどうかは確定していません。あくまでも1つの目安として考えておくのがよいでしょう。

収益評価とは？

年間賃料収入 ×80％＞ 年間賃料収入 ×20％＋ 年間返済額

7-11 融資の期間の決まり方

金融機関によって独自の融資期間がある

　融資が実行される期間について、法定耐用年数との関連があると紹介してきましたが、もう1つ、お金を借りる人の「融資完済年齢」というものが関係してきます。融資の期間は「建物の構造」と、借りる本人の「融資完済年齢」の2つのバランスによって決められています。

　まず、「建物の構造」について詳しく見ていきましょう。第6章で融資期間は建物の法定耐用年数と相関関係があると申し上げました。法定耐用年数が長ければ長いほど、融資の期間も長くなるということです。ただし、各金融機関は独自の構造別融資期間を設定しています。

　鉄筋（RC造）の場合、法定耐用年数は47年ですが、銀行によっては新築で30年が融資期間の上限になっています。中古の場合、融資期間は45年でここから築年数を引いた年数が融資期間の上限になります。たとえば、築10年のRC造のマンションであれば、融資期間の上限は35年となるわけです。

　鉄骨（S造）の場合は、法定耐用年数は35年ですが、銀行によっては新築で30年。中古で35年の場合もあります。金融機関によって独自の融資期間上限を設けているので事前に調べておくようにしましょう。

融資完済年齢とは

　融資期間は、「融資完済年齢」も考慮に入れられます。ローンが降りやすい人で、年齢が若い人といったのは、そういう意味があります。「**融資完済年齢**」とは、銀行の規定では80歳となっています。80歳から現年齢を引いて残りの年数が融資期間上限となります。

　たとえば、現在55歳のサラリーマンの方がいらっしゃったとします。80歳から55歳を引くと、25。つまり、25年が融資期間の上限になるので

7-11 融資の期間の決まり方

す。一方、現在35歳のサラリーマンの方は、80歳引く35歳で45になります。では、融資期間の上限が45年になるのかというと、そうではなく、融資期間の最長が30年と決められているので、30年になります。**建物の構造による融資の上限期間と完済年齢の融資の上限期間を比べて短い方が、融資の上限期間となります。**

建物の構造と融資期間の関係

法定耐用年数がベースになるが、各金融機関は独自の構造別融資期間の上限を設定している

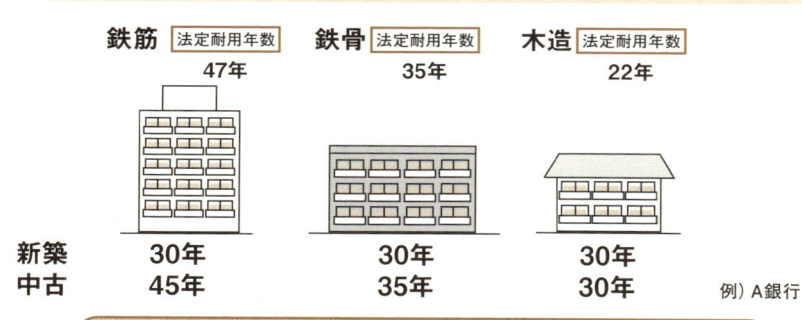

	鉄筋 法定耐用年数 47年	鉄骨 法定耐用年数 35年	木造 法定耐用年数 22年
新築	30年	30年	30年
中古	45年	35年	30年

例）A銀行

中古物件は、経過年数分、ローン期間が短くなる
例）木造築10年　30年－10年＝20年が融資期間上限

融資完済年齢とは？

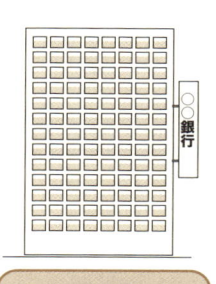

銀行規定
完済年齢80歳

現在55歳
80－55＝25年
融資期間最長　25年まで

現在35歳
80－35＝45年
45年だがアパートローンは融資期間最長が30年なので...
融資期間最長　30年まで

7-12 融資申し込みの方法

融資を申し込むまでの手順

　金融機関に融資を申し込むためには、投資する物件を決めて、買い付け申込を行い、売主との価格交渉を済ませてから行います。買い付けについては、すでに第6章で紹介しているので、買い付けのやり方についてわからない場合は、そちらのほうを参考にしてください。
　ここでは、融資を申し込むまでの手順をもう一度、確認しておきます。

① **まず物件を検索して、いいなと思う物件があれば、不動産会社からマイソクを取り寄せ検討します。**
② **マイソクやレントロールを片手に物件の現地調査を行います。**
　現地調査を行って、ぜひ買いたいという物件に巡りあったら、そこで不動産会社を通じて、売主に買い付け申し込みを行います。
③ **売主と価格の合意ができれば、初めて融資申し込みとなります。**
　ここでローン特約を利用する際には、あらかじめ金融機関に打診をして、融資利用について問題ないという内諾（簡易審査を受けた上での）を受け取ってから買い付け申し込みをしておくと、売主に対して好印象を与えることができます。

融資申し込みに必要な書類

　金融機関に融資申し込みをするためには、「不動産関係資料」「所得関係資料」「属性関係資料」この3つの種類の書類が必要になります。
　まず、「**不動産関係資料**」はマイソクもしくは物件概要書、レントロール、登記簿謄本、売買契約書、重要事項説明書、物件の写真や周辺環境を説明した書類、収支計画についての書類などです。これらは、売買を仲介する不動産会社が用意してくれることが多いです。

7-12 融資申し込みの方法

　個人で用意しなければいけないものは「**所得関係資料**」と「**属性関係資料**」です。過去3年分の収入証明（源泉徴収票、確定申告書、事業を行っていれば決算書などがあります）、住民票や運転免許証、保険証などのコピーや履歴書（経歴書）、金融資産一覧表、不動産を持っていれば、所有不動産一覧表、事業計画書などもあればいいでしょう。

　最終的に融資が決定されれば、金融機関と契約（**金銭消費貸借契約**といいます）をします。決済日には、銀行の会議室で売主に対して手付金（物件価格の5～10％が一般的）以外の残金決済を行い、賃貸契約書の取り交わしと所有権移転登記をして晴れて、オーナーになります。

　なお、融資が降りなかった場合は、売買契約が解除されます（ローン特約ありの場合）。

融資を申し込むまでの手順

- 物件選定
- ↓
- 現地物件調査
- ↓
- 購入申し込み（買い付け申し込み）
- ↓
- 売主との価格の同意
- ↓
- 金融機関への融資申し込み
- ↓
- 融資担当者による現地調査、稟議書作成
- ↓
- 融資審査
- ↓
- 融資決定
- ↓
- 融資実行

7-13 融資審査から実行までの流れ

融資の審査は1〜3週間かかる

　銀行へ融資申し込みをしてから融資決定が行われるまでには、通常は1〜3週間かかるのが普通です。

　なぜそんなに時間がかかるのかというと、審査に多くの人間が関わっているからです。融資の申し込みを受けてから、銀行の融資担当者は不動産の現地調査をして、担保評価を行ったりして、**稟議書**という融資審査のための書類を作成します。そして、支店長や本部の担当者に稟議書を回して審査をしてもらい、決済をしてもらいます。稟議書の作成段階で融資担当者が融資に関する条件を融資希望者と交渉することがあります。稟議書が支店長や本部の人に回ると条件をつけられることがあります。改めて別の連帯保証人を付けて欲しいとか、融資額を減らして欲しいとか、金利を上げて欲しいなどです。融資が決まるかどうかは、支店長や担当者、時期によって異なります。融資が確実に決まるセオリーというのは存在しません。なお、融資の決定権は融資担当者にはありません。決済権限のある人の印が入って初めて融資が決定になります。

　予算の達成のために、月末や年度末、期末などは融資が決まりやすい傾向があります。融資が通るかどうかは、担当者次第でもあります。担当者がやる気がある人であれば、関係部署に働きかけてくれます。

　融資が決定したあとは、契約の締結になります。主に次のような書類にサインをすることになります。

金銭消費貸借契約証書

　借入の契約書になります。この契約書を元に融資が実行されます。

抵当権設定契約書

　賃貸不動産の購入資金として融資を受ける場合には不動産を担保として

取られます。抵当権設定契約書は、金融機関が不動産を担保に設定するための契約書になります。

銀行取引約定書

融資取引の基本契約書になります。銀行と一番最初に融資取引を行うときに作成します。

火災保険質権設定契約書

金融機関によっては、建物の火災保険に質権を設定することがあります。これは建物が火災に遭ったときに保険金を銀行が受け取るためのものです。

これらの契約書にサインをして契約を締結したら、融資が実行されます。

決済は銀行の会議室で行われる

融資実行、残金決済、不動産の所有権移転は、原則として同じ日に行います。支店の会議室には、融資希望者と売主と不動産会社、銀行の担当者、司法書士などが集まり、手続きが行われます。このことを「決済」と呼んでいます。その場で司法書士に書類を提出し、司法書士が点検をして問題ないと確認されれば、融資が実行されます。この際、実印と銀行印、通帳、身分証明書を忘れないようにしましょう。売買手続きが終われば、司法書士が法務局に言って、所有権の移転登記を行います。これで決済手続きは終わります。

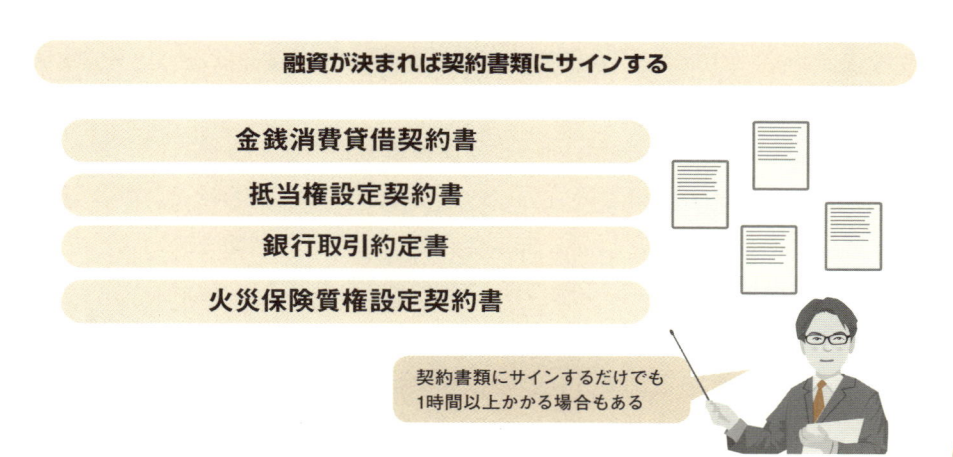

融資が決まれば契約書類にサインする

- 金銭消費貸借契約書
- 抵当権設定契約書
- 銀行取引約定書
- 火災保険質権設定契約書

契約書類にサインするだけでも1時間以上かかる場合もある

7-14 フルローンとオーバーローン

フルローンとオーバーローンとは

　フルローンとは、不動産価格の全額融資のことをいいます。それに対して**オーバーローン**とは、物件価格以上の金額の融資のことをいいます。

　リーマン・ショック以前の銀行融資情勢と異なり、銀行の融資に対する姿勢が非常に厳しくなりつつあります。なかには物件価格の9割しか融資しないとか、7割までしか融資しないという姿勢を取る金融機関が多くなっており、自己資金の必要性がこれまで以上に大きくなっています。

　フルローンやオーバーローンの利点は、自己資金を使わずに物件を購入できるというところですが、その反面、デメリットもあります。

フルローン、オーバーローンの3つのデメリット

　まず、第1にフルローンやオーバーローンを行うと、返済額が大きくなります。返済額が大きくなるということは、毎月のキャッシュフローに大きな影響を与えることになり、手元にあまりお金が残らない状況になるということです。仮に空室が発生した場合や空室を埋めるために家賃を下げて、キャッシュフローが悪化した場合、給料収入などから持ち出し分が発生するということです。持ち出すことができている場合はいいのですが、埋め合わせをすることができなくなれば、破綻してしまいます。

　第2に、フルローンやオーバーローンが出る物件というのは、必ずしも入居需要が高い物件ではないということです。金融機関の物件評価はさまざまな評価方法があると紹介しました。たとえば、路線価が高いような物件で、幹線道路に面している物件などは金融機関の好みそうな物件ですが、実際に住んでみると騒音が大きくて、入居需要があまり高くならなかった、なんてことはよくある話です。このような状況になった場合、フルローンやオーバーローンを金融機関から引き出せたとしても、家賃収入が思うよ

7-14 フルローンとオーバーローン

うに入らないのですから、返済に苦労して、ついには破綻してしまうのです。このように金融機関が好むような物件と入居需要には必ずしも関連性はないということを知っておきましょう。

お金の使い方としては、個人的にフルローン、オーバーローンは合理的な手法だと考えています。可能であれば、デメリットを認識した上で、レバレッジをかけてフルローンやオーバーローンで取得してもよいと思います。大きな節税や早い資産形成を望むのであれば、より自己資金を少なめにして、より大きなレバレッジをかけていきたいところです。また、担保割れを恐れ、フルローン、オーバーローンを嫌がる方がいらっしゃいますが、物件によってはオーバーローンであったとしても、担保割れしない物件もないわけではありません。

フルローンとオーバーローンの認識すべきデメリット

・返済額が大きく、空室余力や家賃調整余力が小さいため、返済リスクにさらされやすい
・ローンが多く出る物件＝優良物件とは限らない（入居者の目線ではない）

7-15 繰り上げ返済

キャッシュフローを改善する繰り上げ返済

繰り上げ返済とは、毎月の返済とは別にお金をまとめて返済することをいいます。繰り上げ返済を実行することで融資期間が短縮され、全体としての支払利息が減少し、手元に残る金額を大きくすることができます。

ここでは繰り上げ返済の注意点について紹介しておきましょう。繰り上げ返済には3つの注意点があります。

①手持ちの現金をすべて返済しない

当たり前のことですが、繰り上げ返済をする場合でも、必ず手元に現金を確保することを忘れてしまってはいけません。借金を減らそうと張り切って、手元の現金まで回す人がいますが、手元に現金がなくなってしまったら、賃貸経営はできません。不動産を所有していれば、日々、修繕や管理費などさまざまな突発的な経費が発生します。そのときに現金がないのでは、賃貸経営を続けていくことができなくなってしまいます。どのくらいの現金を残しておけばいいのかは、これまで毎月どのくらいの経費が発生しているのか調べれば一目瞭然です。

②頻繁に繰り上げ返済をしない

繰り上げ返済は細かいお金で何度も返済を繰り返すよりも、まとまったお金で一気に返済した方がいいでしょう。なぜならば、繰り上げ返済にも手数料がかかるからです。なかでも固定金利の繰り上げ返済手数料はとても高い金額に設定されているケースが多く、手数料の支払いもバカになりません。お金に余裕が出てきたら、少しでも多く返済したいという気持ちもわからなくはないですが、まとめて返済した方がいいのです。

③繰り上げ返済をしても毎月の返済額は変わらない

　繰り上げ返済をすると毎月の返済額も減って、資金繰りが楽になると考えている方が多いのですが、繰り上げ返済をしても毎月の返済額は変わりません。では、繰り上げ返済をすると何が変わるのかというと、融資の最終期限が変わるのです。融資期間が短くなり、その結果として支払利息の総額も変わる、ということになります。

　繰り上げ返済をして毎月の返済額を減らしたいということであれば、銀行に条件変更の申し込みをする必要があります。

　手持ちの現金を増やし、新しい不動産を買った方がいいと考える人もいます。繰り上げ返済をするか、不動産を増やすか、どちらも考え方としては間違いではないと思いますので、ぜひ検討してみてください。

繰り上げ返済で気をつけること

①手持ちの現金をすべて返済しない

借金を減らそうと張り切って、手元の現金まで回す人がいますが、手元に現金がなくなってしまったら、賃貸経営はできない。

②頻繁に繰り上げ返済しない

繰り上げ返済にも手数料がかかるので、返済は細かいお金で何度も返済を繰り返すよりも、まとまったお金で一気に返済した方がいい。

③繰り上げ返済をしても毎月の返済額は変わらない

繰り上げ返済をして毎月の返済額を減らしたいということであれば、銀行に条件変更の申し込みをする必要がある。

Column

住宅ローンよりも厳しいアパートローン融資の審査体勢

　アパートローンと住宅ローン、不動産を購入するためのローン商品には違いないのですが、金利も審査も厳しいのがアパートローンといわれています。

　銀行が融資に際して一番気にしていることは、「貸したお金をきちんと返してくれるのかどうか」ということです。その点について、アパートローンは、事業収益を非常に厳しく審査されるということです。

　当然、事業収益が生み出せないという判断が下れば、アパートローンを借りることはできません。事業収益が見出せなくても担保としての資産価値が高ければ、銀行が融資に応じることもあります。

　ところが、住宅ローンは住むための不動産を購入するためのローンですから、事業の収益性については問われることもありませんし、担保としての資産価値についてもあまり厳しくありません。サラリーマンとして一定の収入があれば、審査は降りることがよくあるのです。この背景には、自宅を手放すということは余程のことでない限りないので、住宅ローンは払い続けるだろうという思惑が銀行の側にあるからだと考えています。

　ところが、アパートローンよりも審査が相対的に甘くなるために、雇用環境が厳しくなって返済を続けられなくなったりする方も多いといいます。

　その点、アパートローンについては、審査が厳しいということもあり、融資が出た物件については、純粋に事業収益が悪くなって破綻したという話をあまり聞いたことがありません。むしろ、リフォーム代が予想した以上にかかってしまったとか、税金対策をしていなかったので、ほとんど手元に残らなかったなど、購入してからの収支シミュレーション不足が問題になっているケースが多いのです。

　ですので、不動産投資をするときには、銀行の審査以上に自分の方で事業収益をきちんと収支シミュレーションしておくことが大切になります。

第8章

物件の管理をする

　不動産を購入できたらいよいよ物件の管理を行います。不動産賃貸業の実務は物件を購入してから本格的にスタートします。その際に、あなたの力強いパートナーとなるのが、管理会社です。ところが管理会社にすべて任せっきりでも不動産賃貸業はうまくいきません。あなたのマネジメントが必要になるのです。
　この章では物件の管理方法と管理会社の活用方法について紹介します。

8-1 不動産の賃貸管理

賃貸管理には2つの種類がある

　不動産賃貸業には「**賃貸管理**」という仕事があります。賃貸管理は自分でやる方法もありますが、管理会社が請け負ってくれます。

　管理会社の賃貸管理業務には大きく分けて2つの仕事があります。1つは、「**収納管理**」（入居者管理）と呼ばれるものです。この仕事は入居者の管理と家賃に関する仕事です。

　入居者の募集から入居者の審査、入居が決まれば契約事務を行います。毎月の業務としては、家賃の集金という大きな仕事があります。家賃を集金後、オーナーの口座に入金をします。

　家賃滞納をしている入居者がいたらその入居者に対して家賃滞納督促を行います。悪質な場合は内容証明を送るなどの措置も取ってくれる場合があります。入居者の契約期間が過ぎたら、契約更新事務を行い、契約期間終了後、退室するということであれば解約事務を行います。その際、退去時の立会、敷金の清算もしてくれます。また、入居者からのクレーム受付、対応などがあります。

　もう1つは、「**建物管理**」と呼ばれる仕事で建物自体の管理をする仕事になります。建物の故障や修繕個所チェックから始まり、問題があれば、施工業者に見積もりを依頼。発注代行も行います。また日常業務としては、共用部分の清掃があります。ポストや階段、廊下、駐車場などの共用部分の清掃です。

　また、簡単な修繕業務、たとえば電球などの取り替えなどを行います。建物自体に異常がなければ定期報告という形でオーナーに連絡をします。

8-1 不動産の賃貸管理

賃貸管理を代行してくれる管理会社

不動産投資は、不労所得と言われますが、この「賃貸管理」を代行してくれるシステムが整っているのが**管理会社**なのです。大手ではミニミニやアパマンショップなどが有名です。通常、賃貸管理は物件の売買仲介や賃貸仲介を行う不動産会社が行っている場合が多く、管理会社そのものが不動産会社というケースもあります。もちろん、管理専門に行っている管理会社も存在します。

先ほど「賃貸管理」には、2つの種類があるといいましたが、管理会社の得意分野も2つに分けられるのが一般的です。賃貸管理ということでどちらもできると表面上では紹介していますが、内実は**収納管理が得意であるケースや収納管理よりも建物管理が得意であるケース**など、管理会社によって強みと弱みが存在しています。

収納管理と建物管理

賃貸管理（ミニミニ、アパマンショップなど）

収納管理（入居者管理）
・家賃の集金・オーナーへの送金
・滞納督促
・入居者募集・審査・賃貸契約事務
・契約更新・解約事務
・入居者からのクレーム受付、対応
・退去時立会・敷金精算

建物管理
・故障・修繕箇所のチェック
・施工業者への見積もり・発注代行
・共用部分の清掃（ポスト、階段、廊下、駐車場等）
・定期報告
・簡単な修繕業務（電球などの消耗品の取替えなど）

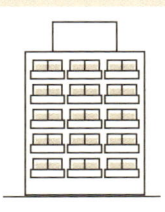

8-2 自分で管理をするか、他人に任せるか？

管理会社に任せるとコストがかかる

　不動産を所有したら、賃貸管理の仕事は自分で行うのか、それとも管理会社という他人に任せるか、まずそれを考えなければいけません。しかし、他人に任せたら当然、コストがかかります。

　一般的に管理費用というのは家賃の5％かかるといわれています。

　また、管理会社に賃貸管理のすべてを任せればよいかというと、そういうことでもありません。オーナーである自分が積極的に動いて管理会社を管理する必要があります。管理会社の管理とはひと言でいえばマネジメントです。管理会社がうまく動けるように具体的な指示を出したり、提案をしたりします。たとえば、入居者募集の効果が芳しくない場合には、入居者募集のアイデアもこちらから提案することもあります。建物管理が行き届いていない場合は、こちらから要望を伝えることもあります。管理会社の管理は少々面倒なのです。

　しかし、その分、煩雑な事務仕事や家賃の集金といった業務から解放されます。入居者の審査なども平日に本業があるサラリーマンではなかなか時間を取るのが難しいでしょう。また、悪質な家賃滞納者にも厳しい対応をしてもらえるなどのメリットがあります。このように時間のないサラリーマン大家さんにとって管理会社は重宝できるビジネスパートナーになるでしょう。

すべて自分で管理する方法もある

　一方で賃貸管理をすべて自分でするということを決めたサラリーマン大家さんもいます。その方は城東区に7棟のアパートを所有している方ですが、すべて自宅近くなので所有物件はすべて自転車で回ることができるといいます。その方も当初は管理会社に任せるはずだったのですが、物件の管理は思ったよりも簡単だったといいます。また、**管理を自分ですること**

で不動産業界の知識や慣習などを学ぶよい機会になったそうです。

　その方が管理に当てている時間は週に2時間。入居者には自分の携帯電話を公開していますが、電話がかかってくるのは3カ月に1回しかないそうです。ただし、夜逃げや家賃滞納者に対応したことも1度や2度ではないといいます。特に夜逃げの場合、入居者が置いて行った残置物の処理やリフォーム代はすべてオーナーが負担しなければなりません。夜逃げや家賃滞納になってしまったのは、入居時の審査や契約事務手続きの際に入居者を信じてしまい、騙されていることに気づかなかったことが原因です。管理会社に任せていれば、そのようなことが起きなかったかもしれません。

自主管理、委託管理のメリット、デメリット

自主管理

メリット
- 管理委託手数料がかからない
- 入居者を自分で選べる
- リフォーム会社などの協力会社を自分で選ぶことができる

デメリット
- すべて自分でやらなければならず面倒
- トラブルの際に真夜中でも呼び出される可能性がある
- 夜逃げ、家賃滞納にも自分で対処する必要がある

委託管理

メリット
- 賃貸管理を依頼できるので本業に専念ができる
- 夜逃げ、家賃滞納にも迅速に対応してくれる。また保証制度もある
- トラブル時にも対応してくれる

デメリット
- 管理委託手数料がかかる
- 管理会社の管理が必要
- リフォーム会社など協力会社を自分で選べない場合がある

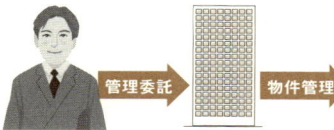

オーナー →[直接管理]→ 物件

オーナー →[管理委託]→ 管理会社 →[物件管理]→ 物件

8-3 管理会社にも得意分野がある

管理会社の種類

　先ほど賃貸仲介を行っている会社も管理をすることがあると紹介しましたが、管理会社には以下の2種類があります。

①仲介と管理両方に力を入れて並立して行っている「仲介・管理会社」
②仲介はほどほどにして管理に力を入れている「管理会社」

　自社で仲介をやっている管理会社は客付け力に優れていますが、その一方で入居後の対応がずさんな場合も多いので注意が必要です。また、自社物件を多く持つ不動産会社は、どうしても自社物件への入居を優先させてしまう傾向があるので、なるべく自社物件を持たない不動産会社に依頼するという手もあります。

　自社で仲介を行わずに外部委託で行っている管理会社は知識や経験も豊富で入居後のサービスもきめ細かい場合が多いです。しかし、客付けを外部に頼っているため空室期間が長くなるケースもあります。

　CMを流しているため、大手だから安心と思われるオーナーも多いのですが、担当者がよく変わるケースが多く物件を把握していないため、さまざまな問題が起きがちです。一方で地域に古くから根付いている不動産会社の場合、その地域の事は大変詳しいですが、世の中の動向・情勢・新法（特にインターネット関係）についていけない会社もありますので、これもまた入居者募集に問題が生じる可能性もあります。双方のバランスが取れた管理会社を選ぶことが重要です。

8-3 管理会社にも得意分野がある

管理会社が決まっている物件もある

　管理会社の選定は、自分で自由に選べる場合と物件購入時から管理会社が決まっている場合があります。先ほど管理会社の管理委託手数料は平均して家賃の5％であると申しましたが、あくまでも平均値であって管理会社によって手数料の金額は変わってきます。そのため、物件購入時から管理会社が決まっている場合は、手数料が5％以上のこともあるわけです。ただし、管理会社が決まっていても、オーナーである自分が気に入らなければ管理会社を変更することもできます。

　管理会社は前述したように売主の不動産会社が管理を請け負ったり、管理会社を紹介してくれるケースがあります。ただし、管理会社によって管理能力に差があるので注意が必要です。たとえば、客付け（入居者募集）能力が弱かったり、クレーム対応能力が弱かったりすれば、毎月のキャッシュフローに影響が出てきます。一方、物件の管理能力が弱かったりすると物件の資産価値に影響が出てきます。

管理会社の種類

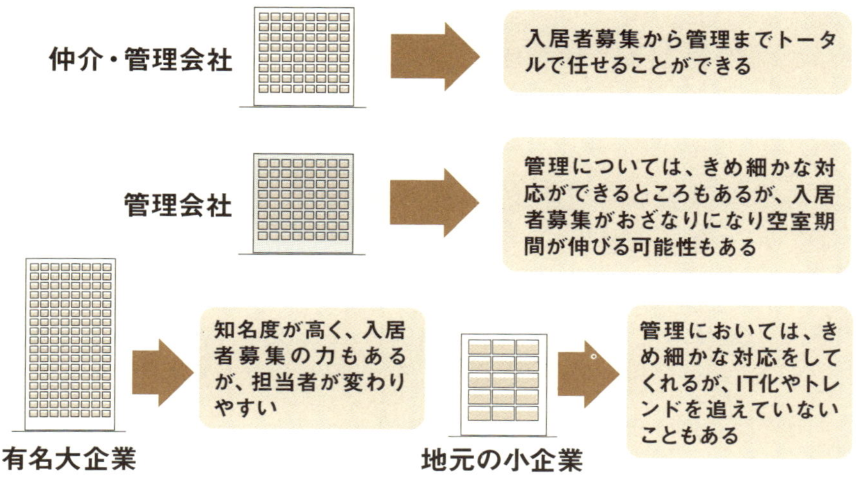

- **仲介・管理会社** → 入居者募集から管理までトータルで任せることができる
- **管理会社** → 管理については、きめ細かな対応ができるところもあるが、入居者募集がおざなりになり空室期間が伸びる可能性もある
- **有名大企業** → 知名度が高く、入居者募集の力もあるが、担当者が変わりやすい
- **地元の小企業** → 管理においては、きめ細かな対応をしてくれるが、IT化やトレンドを追えていないこともある

8-4 管理会社を選ぶ基準①
― 平均入居率、広告宣伝の多様さ、入居者への対応 ―

平均入居率

　では、管理会社に賃貸管理を任せようと考えたときに、どのような基準で管理会社を選べば良いのでしょうか？　ポイントはいくつかあります。

　ポイント１は、「**平均入居率**」です。その管理会社ではどのぐらいの入居率があるのかを調べます。管理会社によって手数料はさまざまですが、いくら安くても入居率が低いのでは話になりません。目安となる平均入居率は95％です。これ以上低ければ再検討をしたほうがいいかもしれません。平均入居率については大手はホームページに掲載しているところもありますが、地元の小さな管理会社の場合は平均入居率を掲載していない場合もあります。この場合は管理会社に直接、平均入居率を聞く必要があります。このときに平均入居率を裏付ける戦略を聞いておくとよいでしょう。

広告宣伝の多様さと徹底さ

　ポイント２は、「**広告宣伝の多様さと徹底さ**」です。実際に広告宣伝をやっているかどうかではなく、どれだけ徹底してやっているかということについて聞きましょう。広告宣伝の徹底度合いで、その管理会社の客付け力がだいたいわかります。たとえば、部屋を探す人がアクセスしやすいかどうか、店舗が駅前にあるとか、店舗数がどのくらいあるか、といったことを賃貸物件のポータルサイトに広告として出しているかどうか、内覧があった場合には適切に対応しているのか、古くから営業しており、地域のネットワーク、周辺の賃貸事情に詳しいなどさまざまな基準からチェックをしてみるとよいでしょう。また、自社だけでなく他の賃貸業者にも広く募集を依頼することができる管理会社かどうかというところもチェックをしておきましょう。

8-4 管理会社を選ぶ基準① ― 平均入居率、広告宣伝の多様さ、入居者への対応 ―

入居者への対応

ポイント3は、「入居者への対応」です。**入居者への対応は24時間365日対応できるかどうかをチェックします。**実際には入居者からのトラブルの連絡は年中あるわけではないのですが、入居者への信頼感を勝ち取るためにも必要なサービスになります。管理会社のなかにはクレーム処理1件ごとに支払いが必要なところもあります。クレーム処理があった場合、どういう対応をしてくれるか、また、その対応は管理費に含まれるのか否かを確認しましょう。

管理会社の選び方①

ポイント1　平均入居率

その管理会社ではどのぐらいの入居率があるのかを調べる。管理会社によって手数料はさまざまだが、目安となる平均入居率は95%。

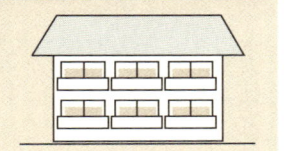

ポイント2　広告の多様さと徹底さ

広告宣伝の徹底度合いで、その管理会社の客付け力がだいたいわかる。ポータルサイトなどの媒体にも積極的に広告を出しているかチェックする。

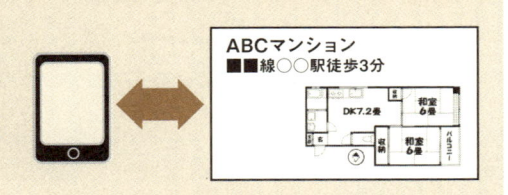

ABCマンション
■■線○○駅徒歩3分

ポイント3　入居者への対応

実際には入居者からのトラブルの連絡は年中あるわけではないので、入居者に24時間365日対応できるかどうかを確認する。

8-5 管理会社を選ぶ基準②
― 対応のよさ、ビジネスパートナーとして信頼できるか ―

管理会社の対応の仕方を見る

　管理会社を選ぶ基準のポイント4は「対応のよさ」です。対応のよさは結構重要なポイントです。

　私の場合、大手や中堅の管理会社の場合は会社のホームページを見て、連絡を取り、前向きに対応してくれた管理会社だけを面談することにしています。地元密着型の管理会社の場合は、電話対応でよかったところを面談します。大手はマンションの所有数で対応も変わってくるので、そういうところもチェックをしておきましょう。面談ではオーナーへの対応の仕方や会社の雰囲気などをチェックすることも必要です。

　オーナーの要望をオープンに聞いてくれるかというところもポイントになります。定期清掃や更新料の設定など、どの程度対応してくれるのか聞いてみるというのもよいでしょう。たとえば、清掃の費用が委託手数料に含まれているのかどうか、清掃の頻度や清掃方法なども聞いておくと良いと思います。

　またリフォームのコストも聞いておくとよいでしょう。クロスの㎡単価はいくらかなど適正な価格であるかどうかをチェックすることも大切です。

ビジネスパートナーとして信頼できるか

　管理会社を選ぶ基準のポイント5は「オーナーにとってよいビジネスパートナーであるかどうか」になります。

　よい管理会社は、オーナーの思いや理念を尊重してくれる管理会社です。オーナーの目指したい不動産賃貸業に専門的な立場からサポートをしてくれる担当者がいるところを選びましょう。逆にオーナーの思いや理念をまったく尊重せず、自分勝手に管理を進めるようなところは選ばない方が無難です。

8-5 管理会社を選ぶ基準② ― 対応のよさ、ビジネスパートナーとして信頼できるか ―

　通常業務以外の賃貸経営のアドバイスをしてくれるところもあります。オーナーの利益を第一に考えてくれるような管理会社を選ぶようにしましょう。

　たとえば、メールや電話での対応が迅速であるかどうか、リフォームや入居者募集に対する提案をきちんと行ってくれるかどうか、建物の設備、点検、補修システムに関するノウハウがあるかどうかなどをきちんとチェックしておくことが大切です。管理会社にもいろいろと相性があると思います。長いお付き合いになるわけですから、自分のやりやすい相手と組むということを考えながら、管理会社選びを進めていくことが重要になります。

管理会社の選び方②

ポイント4　対応のよさ

大手や中堅の管理会社の場合は会社のホームページを見て、連絡を取り、前向きに対応してくれた管理会社だけと会うようにする。

ポイント5　よいビジネスパートナーかどうか

メールや電話での対応が迅速であるかどうか、リフォームや入居者募集に対する提案をきちんと行ってくれるかどうか、建物の設備、点検、補修システムに関するノウハウがあるかどうかなどをきちんとチェックしておく。

8-6 管理会社と良好な関係を築く方法

管理会社とのビジネスを上手く回すには

　サラリーマンをやりながらオーナーとして安定した不動産賃貸業を行っていくためには、管理会社と良好な関係を築きながらビジネスをうまく回していく必要があります。そのためには、オーナーの意思や理念をよく理解し、その考え方に賛同し、サポートしてくれるような管理会社を選ぶことが第1です。

　第2は、ビジネスパートナーとして管理会社と良好な関係を築くことも大切です。管理会社と良好な関係を築くためにはいくつかのポイントがあります。

第1のポイント　必要以上のコストダウンは依頼しない

　管理会社もビジネスで業務を行っています。必要以上のコストダウンを図れば、サービスの質も下がってしまいます。サービスの質が下がることになれば、毎月のキャッシュフローにも影響が現れてきてしまいます。

　たとえば、管理会社は小さな規模の会社でも数百戸の管理をしています。管理料を必要以上に値切れば、当然、あなたの物件の管理の質が下がるのは目に見えて明らかになります。また、客付けを行うための広告宣伝費も同じです。広告宣伝費用は入居者が決まれば家賃1カ月分が相場ですが、エリアによっても異なります。また入居者が少なければ広告宣伝費を大きくかけて客付けを依頼することも必要です。広告宣伝費をケチれば、管理会社の入居を決めるというモチベーションが下がってしまうということも考えておきましょう。

第2のポイント　管理会社をマネジメントする

　繰り返しになりますが、管理会社をマネジメントする姿勢が重要です。任せっぱなし、丸投げという態度を取れば、管理会社もあなたに対して相応の態度を取るでしょう。管理会社の担当者も人間です。自分の働きが認められれば、一生懸命働きますし、自分の働きが認められなければ手を抜いてしまうこともあるでしょう。入居者が早く決まったとき、退去清算がうまくいったとき、滞納家賃が早期に回収できたときは管理会社に感謝をすることも忘れてはいけません。また収支報告に間違いがあったときやホームページや賃貸情報誌に自分の物件が掲載されていなかったときなど管理会社にミスがあれば、きちんと指摘をすることも必要です。

　オーナーが細かく対応することで、この大家さんは手を抜くと怒られるが、頑張りは報われると認識されることになります。

　このように、管理会社と良好な関係を築くことで不動産賃貸業の経営も軌道に乗っていきます。

管理会社と良好な関係を築く方法

良好な関係を築くために

第1のポイント 必要以上のコストダウンはしない	第2のポイント 管理会社をマネジメントする
必要以上のコストダウンを図れば、サービスの質も下がってしまう。サービスの質が下がることになれば、毎月のキャッシュフローにも影響が現れてきてしまう。	入居者が早く決まったときなど管理会社に感謝をすることも忘れてはいけない。また収支報告に間違いがあったときなど管理会社にミスがあれば、きちんと指摘をする。

8-7 管理会社の委託方法

管理会社への委託方法

　管理会社への委託方法は次の4つのパターンがあります。考え方は一長一短でオーナーの希望によって変えていくことが望ましいでしょう。
　①一般媒介、②専任媒介の場合は自分で管理をし、募集のみ依頼をすることになります。その場合、毎月かかる管理費用は発生せず、入居が確定したら料金が発生します。

①一般媒介

　1つの不動産会社とお付き合いをするのではなく、複数の会社に依頼することにより、より多くの斡旋・案件が欲しいというオーナー向きの方法です。ただし、実際に仲介をする管理会社側からするとあまり面白くはありません。モチベーションが上がるようにインセンティブを増やすなど工夫を凝らすことが必要です。

②専任媒介

　1つの管理会社へ入居者募集に関する一切を依頼します。家賃の管理等は自分で行い、入居者の募集を信用する不動産会社へ頼みたいオーナーに向いているでしょう。
　家賃の管理や入居者の対応は自分で行いますが、1つの不動産会社に任せる事で信用関係を築くことができ、色々なイレギュラーに対しても親身になって対応してくれるケースも少なくありません。

③募集管理のセット

　最も一般的な委託パターンになり、毎月の管理費、募集費用を払う方法です。家賃滞納チェック管理及び入居者の一般的な管理を依頼します。入

居者と契約に関わるお金の流れから月々の家賃の管理。また、退去時の敷金精算から家賃滞納時の対応まで様々な業務を総合的に委託します。最近では「家賃の滞納保証、何ヶ月致します」などのような、付加価値のサービスを取り入れている会社も少なくありません。

④家賃保証タイプ

　家賃保証タイプとは、ある期間管理会社が家賃を保証するという仕組みのことで、一括借り上げ、サブリース契約を含め会社によりいくつかのタイプがあります。管理会社が借主となり全室を借り上げるタイプから入居者の有無に関わらず毎月々の保証賃料をオーナーに支払うタイプなどがあります。ただし、家賃の保証金額は100％ではなく、90％前後と言われています。

　何もせずに家賃を保証してくれるので、楽だと考えるオーナーも少なくないと思いますが、さまざまな条件があり、それ相応のリスクを負う必要があるので、注意が必要です。

管理会社への4つの委託方法

一般媒介	専任媒介
複数の管理会社へ入居者募集を依頼する方法	1つの管理会社に入居者募集のみを依頼する方法

募集管理のセット	家賃保証タイプ
入居者募集だけではなく、家賃の集金、管理など賃貸管理全般をすべて依頼する方法	物件そのものを管理会社が一括で借り上げし、ある一定期間、家賃保証してくれる仕組み

8-8 家賃保証の契約制度

サブリース契約

　サブリース契約とは一般の賃貸管理業務と異なり、入居者の有無に関わらず家賃の保証を一定期間行なってくれる契約のことをいいます。そもそも入居需要がないと管理会社が損をしてしまうので、どんな物件でも契約できるわけではありません。また家賃の全額を保証するのではなく、一般的には家賃の85～90％が保証されると言われています。なお、入居時に発生する敷金や保証金・礼金などはオーナーの元にはいかず管理会社が受け取るケースが多いといわれています。賃貸経営をするには、ある程度の経営センスが問われます。経営センスがなければうまく利益をのこすことができません。

　そこで、手数料が高く、保証してくれる家賃も少ないのですが、ある程度、不動産賃貸業に慣れてきたらサブリース契約を検討してみてもいいかもしれません。ただし、契約の中身にはよく注意しましょう。**家賃は永遠に保証されるわけではありません。通常2年に1回見直されるということを覚えておきましょう。**また、サブリース会社が倒産してしまえば、入居時に入居人が支払う敷金は当然戻ってきません。そうした問題があることを前提に検討することが大切です。

家賃滞納保証サービス

　管理会社のなかには、家賃滞納保証サービスをつけているところもあります。**家賃滞納保証サービス**とは、入居時に一定額の保証金を支払えば、滞納された家賃を立て替えてくれるだけではなくて、入居者への督促も行ってくれるというサービスになります。管理会社に支払う委託管理手数料のなかに含まれているという場合もありますが、そうでない場合には、滞納保証の専門会社を利用することになります。

8-8 家賃保証の契約制度

　滞納保証の保証金ですが、月額家賃の50〜100％というところが一般的です。この保証金を最初に支払うことで、2年間の滞納保証を提供してくれます。サービス内容によっては、夜逃げなどがあった場合の残置物処理費用、家賃滞納時の訴訟費用などを負担してくれる場合もあります。コスト高にはなりますが、リスクを減らす効果が期待できます。

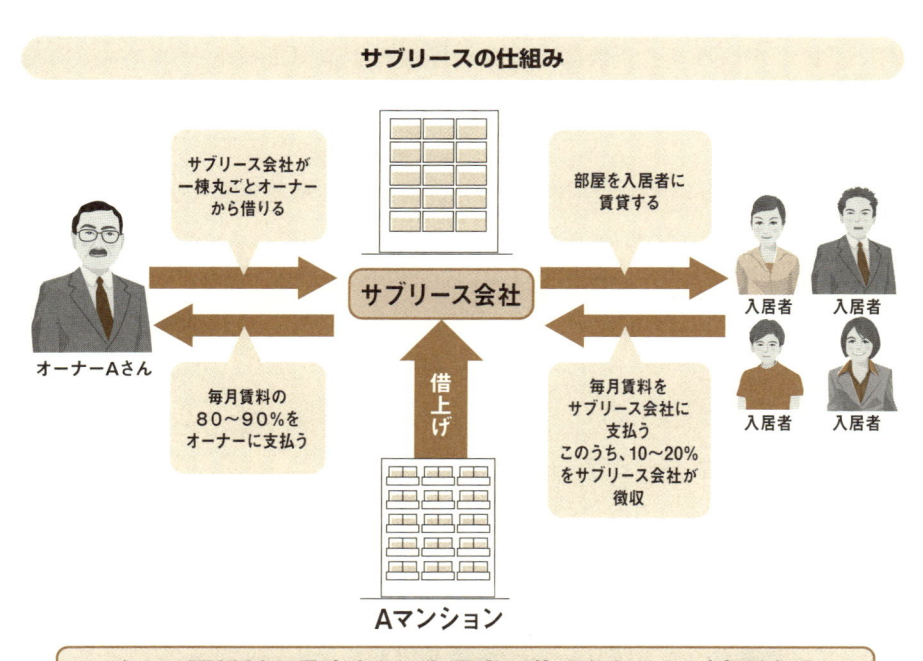

サブリースの仕組み

- サブリース会社が一棟丸ごとオーナーから借りる
- 毎月賃料の80〜90％をオーナーに支払う
- 借上げ
- 部屋を入居者に賃貸する
- 毎月賃料をサブリース会社に支払う　このうち、10〜20％をサブリース会社が徴収

オーナーAさん ― サブリース会社 ― 入居者

Aマンション

2年に1回賃料が見直され、入居者が集まらなければ家賃収入にも影響が出るような仕組みになっている

8-9 利回りを上げる方法①
― リフォームをする ―

リフォームで利回りUP

　不動産投資の魅力は、自分の努力次第で資産価値を向上させ、利回りを上げることができるということです。自分のやる気と投下資金次第でいくらでも資産価値を向上させることができます。

　資産価値を向上させる方法はいくつかあります。まず1つは、区分所有、1棟所有、どちらでも可能なリフォームによって資産価値を向上させることです。もう1つは、1棟所有しかできませんが、デッドスペースなどの有効活用です。

　それではリフォームによる資産価値向上から紹介していきましょう。**リフォーム**とは、今ある不動産をリフォームして、入居者需要を増やしたり、家賃を向上させることをいいます。リフォームをする箇所は、費用対効果が特に高い場所を中心に行っていくとよいでしょう。

　モニター付きのドアホンやウォシュレット付きのトイレやシャンプードレッサーなどは入居希望者が部屋を借りるかどうか内見したときにすぐに目がつく費用対効果の高い設備です。クロスなども貼り替えなどは入居者が喜びそうなクロスを貼り替えすることが重要です。また、老朽化した建物は、外壁を塗装する、畳の部屋をフローリングに変える、3LDKの部屋を2LDKに間取りを変更するなどの大規模なリフォーム方法を取ることも考えられます。

　こうしたリフォームによって資産価値を向上させることができれば、家賃を上げることも不可能ではありません。

リフォーム会社は使い分けが重要

　リフォーム会社は、不動産管理会社が抱えていることが多く、不動産管理会社の収益がリフォーム会社の施工に含まれていることも少なくありませ

8-9 利回りを上げる方法① ― リフォームをする ―

ん。そのため、不動産管理会社を通じて発注するのではなく、リフォーム会社に直接発注して、リフォームコストを軽減するという方法もあります。

また、リフォーム会社の多くは実際の工事作業を職人に外注しているので、中間マージンが発生しています。そこで、直接職人に発注した方が手数料は安く済みます。最近では、さまざまな設備をオーナーの方で用意して、取り付けだけは職人に発注するというサラリーマン大家さんも増えてきました。

職人を探す方法はインターネットで調べる方法が確実です。

ただし、すべての作業を職人に任せればよいのかというと、そうでもありません。リフォーム会社にまとめて発注する方が手間がかかりませんし、安く済むケースもあります。リフォーム会社に任せた方がいいケースと職人個人に任せた方がいいケースがあるので、使い分けをしたほうがいいでしょう。

設備の取り付け作業などは、職人に任せたほうがいい典型的なケースですが、部屋の間取りを変えるとか、畳の部屋をフローリングにするなど、大きなリフォームに関しては一括してリフォーム会社に依頼した方が手間も時間も短縮でき、場合によってはコスト削減も可能になります。

リフォームで資産価値を向上させる

リフォーム
（クロス貼り替え、ウォシュレットやエアコン、空気清浄機設置、間取りの変更など）

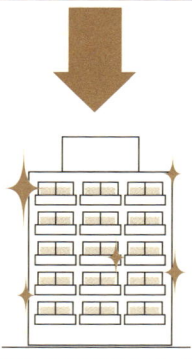

↓

家賃を上げることや入居率を向上させることができる

8-10 利回りを上げる方法②
― デッドスペースの利用 ―

自動販売機を設置する

　自分の物件の資産価値を上げる方法のその2は、自分の物件のデッドスペース（建物の中で、有効に活用できていない空間）を利用するということです。

　デッドスペースの活用は区分所有では行うことができませんが、土地付きの1棟所有ではデッドスペースを活用することができます。主に活用されている方法としては、自動販売機などの収益を生み出す機械を設置するということです。自動販売機は自動販売機メーカーや飲料メーカーなどさまざまなメーカーが参入しており、もらえるマージン率もさまざまなので、インターネットなどで探してみてください。

　自動販売機設置のメリットは、なんといっても需要があれば定期的な収入になるということです。しかもオーナーは空きスペースを提供し、電気代を負担するだけで済みます。電気代は2000円から5000円ぐらいが相場だと言われています。

　初期費用はゼロで電源の配線工事や自動販売機設置は業者が行います。また、飲料水の補充や集金、管理はすべて業者が行うことになっています。

　売上は場所によって大きく左右されます。たとえば、1日平均100万人以上が乗降するある駅から10分圏内のマンションに設置された自動販売機では月に10万円の売上があるといいます。ところが、1日平均20万人以下の駅から15分の自動販売機では月に1万円いくかいかないかの売上になったそうです。

　マージンは20％から30％ぐらいですから、100万人以上の乗降客数がある駅周辺の物件では月10万円を売り上げれば、2万円から3万円の利益が何もせずに入ってくるということなのです。とはいえ、立地が悪ければ2000円から3000円の利益で、そこから電気代を払わねばならず、赤字に

●8-10 利回りを上げる方法② ─ デッドスペースの利用 ─●

なってしまいます。

　ただし、立地や設置場所等、頻繁に飲料水が売れる場合はマージン比率が高く、電気代を業者負担でもよいという業者もあります。マージン比率は立地や場所によって異なるので、きちんと探してみることが大切です。

さまざまな活用方法がある

　もちろん、最近は自動販売機以外でも、さまざなデッドスペース活用方法があるようです。たとえば、首都圏の駅に近い物件でロッカーやトランクルームに類するようなものを設置することで収益を上げているサラリーマン大家さんもいます。自動販売機のような形をしたDVDのレンタル貸出機を設置するデッドスペースの活用方法も欧米からどんどん輸入されています。

　自動販売機だけではなく、自分の物件のデッドスペースをいかに有効活用できるかを考えることでアイデアは生まれてくるものなのです。

デッドスペースの利用例

デッドスペースの有効利用

自動販売機の設置例
- 初期費用ゼロ（取り付けに関わるコストはメーカー負担）
- 飲料の補充、保守、集金はメーカー負担
- オーナーは場所を提供し、電気代を負担（毎月2000〜5000円）
- 売上の20％前後がオーナー利益になる
- 場所によっては赤字になることもある

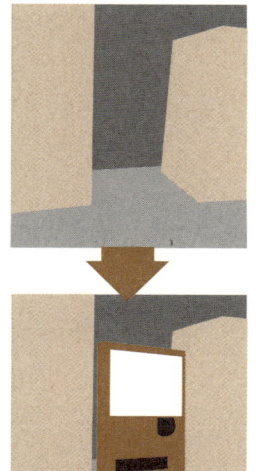

自販機設置

Column

こんな不動産業者は嫌だ！②
メールや電話が四六時中かかってくる

　不動産管理会社にもいろいろあるということは、これまでに紹介してきましたが、不動産管理会社の担当者が優秀か優秀でないかを見極めるポイントとして、コミュニケーション能力というのがあります。優秀な不動産管理会社は、顧客がサラリーマン大家さんであることを理解して仕事をします。勤務時間中にメールや連絡は取らないというのは当たり前のこと。どうすれば、オーナーである自分が心地よく仕事ができるのかを先読みして、業務を遂行してくれます。

　一方で、オーナーがサラリーマン大家であることをまったく考慮に入れずに動くような管理会社もいます。昼間に他愛もないことで電話連絡をして、本業の業務を滞らせる担当者もいます。私のお客様に管理会社の担当者から昼間にこんな連絡があったといいます。共用部分の蛍光灯が切れたのだが、どうすればいいのかということです。そのようなことは、勝手に処理して欲しいと誰もが思うはずです。そのための管理会社なのですから。しかしながら、そのようなことをいちいち聞いてくる管理会社もいる、ということを頭の中に入れておきましょう。

　こうした管理会社に対応するには、どこまで裁量を与えるのかということをあらかじめ決めておいたほうがいいと思います。先ほどのように共用部分の蛍光灯が切れたら補充するというのはあらかじめ決めておくということです。平日や昼間はなかなか電話に出にくいということを伝えておくことも重要です。それでも、態度が変わらなければ、管理会社を変えるという選択肢を取ることも重要です。管理会社はオーナーには逆らえません。あまりにひどい場合は変えてしまうことも考えに入れておいてください。

　ひどい管理会社を見極めるためにも、管理会社選定のときによく話し合うことが大切です。

索引

アルファベット

ER 52
REIT 12
ROI 102

あ行

青色申告制度 118
頭金 74
アパートローン 186
イールド・ギャップ 56
一括借上法人型 112
一般媒介 230
イニシャルコスト（初期費用） ... 76
インカムゲイン 14
印紙税 77
インフレターゲット 194
オーバーローン 212

か行

買い付け申し込み 178
買付申込書 178
確定申告 116
火災保険 77
火災保険質権設定契約書 211
金持ち父さん　貧乏父さん 16
還付 28
簡便法 84
管理委託手数料 78
管理会社 219
キャッシュフロー 86
キャピタルゲイン 14
共用部経費 79
銀行事務手数料 76
銀行取引約定書 211
金銭消費貸借契約証書 210
金銭消費貸借契約 209
金利上昇リスク 57
空室リスク 44
繰り上げ返済 214
減価償却資産 82
減価償却費 80, 82
現地調査 176
現物投資 12
建ぺい率 163
公開物件 130
広告宣伝費 72
洪水 60
購入時諸経費 76
固定金利 192
固定金利選択型 192
固定金利変動金利リレー型 193
固定資産税 77, 78
固定資産税評価額 77
固定資産税評価証明書 83

239

さ行

再建築不可 166
サブリース 44
サブリース契約 232
事業的規模 34
事故リスク 59
資産 16
地震保険 61
質権設定 62
実質利回り 98
借地権 163, 166
貸借条件一覧表 172
収益還元法 204
収益評価 204
周期連動型 191
集金管理専任媒介 230
収支シミュレーション 70
修繕積立金 78
修繕費 78
修繕リスク 52
修繕履歴 52
住宅火災保険 60
住宅総合保険 60
住宅ローン 194
収納管理 218
重要事項説明 182
小規模宅地等の評価減の特例 110
少子高齢化社会 54
所得関係資料 209

所有権 163, 166
人口減少 54
新耐震基準 58
人的リスク 59
随時連動 190
随時連動型 190
積算評価 202
接道義務 166
全期間固定型 192
専任媒介 230
想定賃料 163
即時連動 190
属性関係資料 209
属性評価 186
損益通算 34, 116

た行

高潮 61
建物管理 218
単式簿記 118
団体信用生命保険（団信） 36
知識習得 22
仲介・管理会社 222
仲介手数料 76
超過累進税率 80
賃貸管理 218
賃貸付け 44
抵当権設定契約書 210
出口戦略 108

鉄筋コンクリート造（RC造）	170	負債	16
鉄骨造（S造）	170	普通徴収	39
鉄骨鉄筋コンクリート造（SRC造）	171	物件調査	22
デッドクロス	200	不動産関係資料	208
デッドスペース	236	不動産管理法人型	113
デフレ	56	不動産取得税	77
登記費用	77	不動産情報ポータルサイト	126
投資収益率	102	不動産所得	34
投資方針	22	不動産所有法人型	112
投資用サイト	126	不動産賃貸業	10
登録免許税	77	不動産投資	10
特別徴収	39	不動産☆連合体	127
都市計画税	77	フルローン	74, 212
土砂崩れ	61	平均入居率	224
都心回帰	148	変動金利	190

な行

日経平均株価	30
入居審査	48

は行

ハイリスク・ハイリターン商品	42
晩婚化	148
晩産化	148
東日本大震災	24, 58, 150
非公開物件	130
表面利回り	97
副業禁止規定	38
複式簿記	118

ま行

マイソク	162
マネジメントシップ	67
ミドルリスク・ミドルリターン	42
木造	170
元金均等返済	198
元利均等返済	198

や行

家賃滞納保証サービス	232
融資完済年齢	206
融資戦略	22
容積率	163

用途地域 169

ら行

楽待 127
ランニングコスト（運用費用） 78
リーダーシップ 66
リスクコントロール 42
リフォーム 234
利回り 97
流動性 50
流動性リスク 50
稟議書 128, 210
レバレッジ効果 32
レントロール 172
ローリスク・ローリターン商品 42
路地状敷地 167
路線価 168

著者紹介

金井和彦（かないかずひこ）

株式会社わひこ　代表取締役。不動産投資コンサルタント。

神奈川県出身、法政大学文学部卒業後、株式会社光通信に入社し、法人営業を担当。新卒1年目で年収2000万円を稼ぐものの、その43％を税金で取られることに愕然とし、独学でサラリーマンでもできる節税方法を学び、不動産投資に行き着く。独立系の不動産投資会社の立上げに参画し、6年間不動産投資コンサルタントとして活躍。その後、独立して、株式会社わひこを設立。物件選定や調査、融資条件の交渉、管理会社のマネージメント、確定申告に至るまで、ワンストップで賃貸経営をサポートする。今までにない不動産投資コンサルティング会社として、コンサル実績1000名（顧客名簿は10000名）を誇る。

●カバーデザイン　株式会社 OKADA AD Office

図解 不動産投資のはじめ方が
よ〜くわかる本

発行日	2012年　8月 20日	第1版第1刷
	2015年　2月 11日	第1版第3刷

著　者　金井　和彦

発行者　斉藤　和邦
発行所　株式会社　秀和システム
　　　　〒104-0045
　　　　東京都中央区築地2丁目1−17　陽光築地ビル4階
　　　　Tel 03-6264-3105(販売)　Fax 03-6264-3094
印刷所　三松堂印刷株式会社　　　　　Printed in Japan

ISBN978-4-7980-3437-9 C0034

定価はカバーに表示してあります。
乱丁本・落丁本はお取りかえいたします。
本書に関するご質問については、ご質問の内容と住所、氏名、電話番号を明記のうえ、当社編集部宛FAXまたは書面にてお送りください。お電話によるご質問は受け付けておりませんのであらかじめご了承ください。

「図解入門」シリーズ

最新 音楽の科学がよくわかる本
著 者: 岩宮眞一郎　　定 価: (本体1600円+税)　　ISBNコード: 978-4-7980-3276-4　　2012/03

よくわかる 最新 新幹線の基本と仕組み
著 者: 秋山芳弘　　定 価: (本体1800円+税)　　ISBNコード: 978-4-7980-3279-5　　2012/03

現場で役立つ溶接の知識と技術
著 者: 野原英孝　　定 価: (本体1600円+税)　　ISBNコード: 978-4-7980-3225-2　　2012/03

よくわかる 最新「病」の予防と治療
著 者: 田中一彦　　定 価: (本体1600円+税)　　ISBNコード: 978-4-7980-3245-0　　2012/03

よくわかる 最新 洗浄・洗剤の基本と仕組み
著 者: 大矢勝　　定 価: (本体1800円+税)　　ISBNコード: 978-4-7980-3182-8　　2011/12

よくわかる 最新 発電・送電の基本と仕組み
著 者: 木舟辰平　　定 価: (本体1600円+税)　　ISBNコード: 978-4-7980-3181-1　　2011/12

よくわかる最新 レアメタルの基本と仕組み [第2版]
著 者: 田中和明　　定 価: (本体1800円+税)　　ISBNコード: 978-4-7980-3156-9　　2011/12

よくわかる 最新油圧・空気圧の基本と仕組み
著 者: 坂本俊雄、長岐忠則　　定 価: (本体1800円+税)　　ISBNコード: 978-4-7980-3135-4　　2011/11

よくわかる 最新半導体リソグラフィの基本と仕組み
著 者: 佐藤淳一　　定 価: (本体2000円+税)　　ISBNコード: 978-4-7980-3063-0　　2011/10

よくわかる最新 プラスチックの仕組みとはたらき [第2版]
著 者: 桑島幹、木原伸浩、工藤保広　　定 価: (本体1500円+税)　　ISBNコード: 978-4-7980-3081-4　　2011/10

よくわかる 最新 給排水衛生設備の基本と仕組み
著 者: 土井巌　　定 価: (本体1800円+税)　　ISBNコード: 978-4-7980-3067-8　　2011/10

よくわかる 最新火力発電の基本と仕組み
著 者: 社団法人 火力原子力発電技術協会　　定 価: (本体1500円+税)　　ISBNコード: 978-4-7980-3062-3　　2011/09

よくわかる 最新ソフトウェア開発の基本
著 者: 谷口功　　定 価: (本体1700円+税)　　ISBNコード: 978-4-7980-3066-1　　2011/09

最新 TCP/IPの基本と仕組み
著 者: 谷口功　　定 価: (本体1800円+税)　　ISBNコード: 978-4-7980-3049-4　　2011/09

よくわかる最新 スマートグリッドの基本と仕組み [第2版]
著 者: 山藤泰　　定 価: (本体1500円+税)　　ISBNコード: 978-4-7980-3056-2　　2011/08

「図解入門」シリーズ

よくわかる 最新RFPと提案書の基本と作成法
著 者: 佐川博樹 　　定 価: (本体1800円+税)　ISBNコード: 978-4-7980-2990-0　2011/06

最新 病院がまるごとやさしくわかる本
著 者: 福島安紀 　　定 価: (本体1400円+税)　ISBNコード: 978-4-7980-2988-7　2011/07

はじめての人のためのテスターがよくわかる本
著 者: 小暮裕明 　　定 価: (本体1600円+税)　ISBNコード: 978-4-7980-3009-8　2011/07

よくわかる 最新 断熱・機密の基本と仕組み
著 者: 堀清孝 　　定 価: (本体1800円+税)　ISBNコード: 978-4-7980-2965-8　2011/06

よくわかる 最新デジタル放送技術の基本と仕組み
著 者: 高嶋規之、古市誠 　　定 価: (本体1400円+税)　ISBNコード: 978-4-7980-2982-5　2011/06

よくわかる 最新金属疲労の基本と仕組み
著 者: 酒井達雄 　　定 価: (本体1400円+税)　ISBNコード: 978-4-7980-2972-6　2011/06

よくわかる 最新 LED照明の基本と仕組み
著 者: 中島龍興、福田佳子 　　定 価: (本体1800円+税)　ISBNコード: 978-4-7980-2964-1　2011/05

よくわかる 痛み・鎮痛の基本としくみ
著 者: 伊藤和憲 　　定 価: (本体1700円+税)　ISBNコード: 978-4-7980-2946-7　2011/05

よくわかる 最新パワー半導体の基本と仕組み
著 者: 佐藤淳一 　　定 価: (本体1500円+税)　ISBNコード: 978-4-7980-2924-5　2011/04

よくわかる 最新通信の基本と仕組み [第3版]
著 者: 谷口功 　　定 価: (本体1400円+税)　ISBNコード: 978-4-7980-2942-9　2011/04

よくわかる最新 センサーの基本と仕組み
著 者: 高橋隆雄 　　定 価: (本体1600円+税)　ISBNコード: 978-4-7980-2939-9　2011/03

よくわかる 最新 建築設備の基本と仕組み
著 者: 土井巖 　　定 価: (本体1800円+税)　ISBNコード: 978-4-7980-2922-1　2011/04

ビギナーズ 最新介護保険の基本と仕組みがよ～くわかる本 [第3版]
著 者: ケアマネジメント研究フォーラムほか 　　定 価: (本体1400円+税)　ISBNコード: 978-4-7980-2909-2　2011/04

よくわかる 最新電気回路の基本と仕組み
著 者: 常深信彦 　　定 価: (本体2000円+税)　ISBNコード: 978-4-7980-2906-1　2011/04

よくわかる 最新 音響の基本と応用
著 者: 岩宮眞一郎 　　定 価: (本体1600円+税)　ISBNコード: 978-4-7980-2921-4　2011/03

「図解入門」シリーズ

ビギナーズ 最新刑事訴訟法の基本と仕組みがよ〜くわかる本
著 者：加藤美香保、越川芙紗子、和田はる子ほか　　定 価：(本体1400円+税)　　ISBNコード: 978-4-7980-2907-8　　2011/03

よくわかる 最新ベアリングの基本と仕組み
著 者：ジェイテクト「ベアリング入門書」編集委員会　　定 価：(本体1300円+税)　　ISBNコード: 978-4-7980-2889-7　　2011/03

よくわかる 最新飛行機の基本と仕組み[第2版]
著 者：中山直樹、佐藤晃　　定 価：(本体1400円+税)　　ISBNコード: 978-4-7980-2875-0　　2011/03

よくわかる 最新電気自動車の基本と仕組み
著 者：御堀直嗣　　定 価：(本体1500円+税)　　ISBNコード: 978-4-7980-2868-2　　2011/02

よくわかる最新 接着の基本と仕組み
著 者：井上雅雄　　定 価：(本体1600円+税)　　ISBNコード: 978-4-7980-2799-9　　2011/02

よくわかる 最新半導体の基本と仕組み[第2版]
著 者：西久保靖彦　　定 価：(本体1800円+税)　　ISBNコード: 978-4-7980-2863-7　　2011/02

はじめての人のための 電子回路がよくわかる本
著 者：宮崎誠一　　定 価：(本体1300円+税)　　ISBNコード: 978-4-7980-2832-3　　2011/01

よくわかる 最新薄膜の基本と仕組み
著 者：深津晋　　定 価：(本体1500円+税)　　ISBNコード: 978-4-7980-2844-6　　2011/01

よくわかる 最新宇宙論の基本と仕組み[第2版]
著 者：竹内薫　　定 価：(本体1600円+税)　　ISBNコード: 978-4-7980-2843-9　　2011/01

よくわかる 最新ベイズ統計の基本と仕組み
著 者：松原望　　定 価：(本体2200円+税)　　ISBNコード: 978-4-7980-2826-2　　2010/12

よくわかる 最新 実験計画法の基本と仕組み
著 者：森田浩　　定 価：(本体1800円+税)　　ISBNコード: 978-4-7980-2785-2　　2010/11

よくわかる 最新非破壊検査の基本と仕組み
著 者：水谷義弘　　定 価：(本体1800円+税)　　ISBNコード: 978-4-7980-2784-5　　2010/11

よくわかる ステンレスの基本と仕組み
著 者：飯久保知人　　定 価：(本体1300円+税)　　ISBNコード: 978-4-7980-2696-1　　2010/08

よくわかる 最新 有限要素法の基本と仕組み
著 者：岸正彦　　定 価：(本体1600円+税)　　ISBNコード: 978-4-7980-2673-2　　2010/08

よくわかる最新「銅」の基本と仕組み
著 者：大澤直　　定 価：(本体1400円+税)　　ISBNコード: 978-4-7980-2672-5　　2010/08

「図解入門」シリーズ

よくわかる最新スマートグリッドの基本と仕組み
著 者: 山藤泰　　　定 価: (本体1500円+税)　ISBNコード: 978-4-7980-2677-0　2010/07

よくわかる 最新 冷凍空調の基本と仕組み
著 者: 高石吉登　　　定 価: (本体1700円+税)　ISBNコード: 978-4-7980-2642-8　2010/06

よくわかる 光学とレーザーの基本と仕組み [第2版]
著 者: 潮秀樹　　　定 価: (本体1900円+税)　ISBNコード: 978-4-7980-2616-9　2010/06

よくわかる 最新 ねじの基本と仕組み
著 者: 大磯義和　　　定 価: (本体1300円+税)　ISBNコード: 978-4-7980-2620-6　2010/06

よくわかる 最新摩擦と磨耗の基本と仕組み
著 者: 広中清一郎　　　定 価: (本体1300円+税)　ISBNコード: 978-4-7980-2619-0　2010/06

よくわかる 最新 半導体製造装置の基本と仕組み
著 者: 佐藤淳一　　　定 価: (本体1800円+税)　ISBNコード: 978-4-7980-2610-7　2010/05

よくわかる 最新 船舶の基本と仕組み
著 者: 川崎豊彦　　　定 価: (本体1300円+税)　ISBNコード: 978-4-7980-2594-0　2010/06

ビギナーズ 最新 民事訴訟法の基本と仕組みがよ～くわかる本
著 者: 石本伸晃　　　定 価: (本体1500円+税)　ISBNコード: 978-4-7980-2597-1　2010/05

よくわかる最新 電波と周波数の基本と仕組み[第2版]
著 者: 吉村和昭、倉持内武、安居院猛　　　定 価: (本体1500円+税)　ISBNコード: 978-4-7980-2587-2　2010/04

よくわかる 最新 さびの基本と仕組み
著 者: 長野博夫、松村昌信　　　定 価: (本体1500円+税)　ISBNコード: 978-4-7980-2584-1　2010/04

よくわかる コンクリートの基本と仕組み[第2版]
著 者: 岩瀬泰己、岩瀬文夫　　　定 価: (本体1600円+税)　ISBNコード: 978-4-7980-2582-7　2010/04

よくわかる 最新 情報セキュリティの基本と仕組み[第3版]
著 者: 相戸浩志　　　定 価: (本体1800円+税)　ISBNコード: 978-4-7980-2558-2　2010/04

よくわかる最新 熱処理技術の基本と仕組み[第2版]
著 者: 山方三郎　　　定 価: (本体1600円+税)　ISBNコード: 978-4-7980-2573-5　2010/04

よくわかる最新 システム開発者のための要求定義の基本と仕組み[第2版]
著 者: 佐川博樹　　　定 価: (本体1800円+税)　ISBNコード: 978-4-7980-2522-3　2010/03

よくわかる 筋肉・関節の動きとしくみ
著 者: 中村和志　　　定 価: (本体1500円+税)　ISBNコード: 978-4-7980-2532-2　2010/03